RAP E EDUCAÇÃO
RAP É EDUCAÇÃO

Dados Internacionais de Catalogação na Publicação (CIP)
(Câmara Brasileira do Livro, SP, Brasil)

Andrade, Elaine N. de
  Rap e educação, rap é educação / Elaine N. de Andrade (org.). – São Paulo : Summus, 1999.

Vários autores
Bibliografia
ISBN 978-85-87478-03-0

1. Juventude negra 2. Hip-hop 3. Rap (Música)
I. Andrade, Elaine N. de

99-4116   CDD-370.1934

Índices para catálogo sistemático:

1. Hip-hop : Movimento social : Aspectos socioculturais :
   Sociologia educacional : Educação 370.1934
2. Rap : Música : Aspectos socioculturais : Sociologia
   educacional : Educação 370.1934

Compre em lugar de fotocopiar.
Cada real que você dá por um livro recompensa seus autores
e os convida a produzir mais sobre o tema;
incentiva seus editores a encomendar, traduzir e publicar
outras obras sobre o assunto;
e paga aos livreiros por estocar e levar até você livros
para a sua informação e o seu entretenimento.
Cada real que você dá pela fotocópia não autorizada de um livro
financia o crime
e ajuda a matar a produção intelectual de seu país.

RAP E EDUCAÇÃO
RAP É EDUCAÇÃO

Elaine Nunes de Andrade
(organizadora)

Copyright © 1999 by Amailton Magno Grillu Azevedo,
Elaine Nunes de Andrade, Geni Rosa Duarte, Ione da Silva Jovino, José Carlos
Gomes da Silva, Lair Aparecida Delphino Neves, Márcia Silva, Maria Aparecida da
Silva, Maria Eduarda Araujo Guimarães, Marco Aurélio Paz Tella, Salloma Salomão
Jovino da Silva, Sandra Passarelli, Sandra Santos e Spensy Pimentel
Direitos reservados por Summus Editorial

Preparação de texto: **Jussara de Souza**
Projeto gráfico: **Neide Siqueira**
Capa: **Djumbay Lopes**
Editoração eletrônica e fotolitos: **JOIN Editoração Eletrônica**
Consultoria editorial: **Mirian Santos Leiner**
Editora responsável: **Heloisa Pires Lima**

Selo Negro Edições
Departamento editorial:
Rua Itapicuru, 613 – 7º andar
05006-000 – São Paulo – SP
Fone: (11) 3872-3322
Fax: (11) 3872-7476
http://www.selonegro.com.br
e-mail: selonegro@selonegro.com.br

Atendimento ao consumidor:
Summus Editorial
Fone: (11) 3865-9890

Vendas por atacado:
Fone: (11) 3873-8638
Fax: (11) 3873-7085
e-mail: vendas@summus.com.br

Impresso no Brasil

Agradecimentos

À professora Dra. Roseli Baumel da FE-USP por garantir a elaboração da primeira pesquisa acadêmica sobre Rap no país.

Aos rappers da velha escola que sustentaram um movimento social reconhecido pela sociedade civil somente após quinze anos de existência em terras brasileiras...

A George Schlesinger por acreditar, há muito tempo atrás, na publicação de uma obra cujo tema é considerado marginal.

Sumário

Prefácio 9
    Elaine Nunes de Andrade

A arte na (da) periferia: sobre... vivências 13
    Geni Rosa Duarte

Arte e educação: a experiência do movimento
Hip Hop paulistano 23
    José Carlos Gomes da Silva

Rap: transpondo as fronteiras da periferia 39
    Maria Eduarda Araujo Guimarães

Rap, memória e identidade 55
    Marco Aurélio Paz Tella

Os sons que vêm das ruas 65
    Amailton Magno Grillu Azevedo e
    Salloma Salomão Jovino da Silva

Hip Hop: movimento negro juvenil 83
    Elaine Nunes de Andrade

Projeto Rappers: uma iniciativa pioneira e vitoriosa de
interlocução entre uma Organização de Mulheres Negras
e a juventude no Brasil 93
    Maria Aparecida (Cidinha) da Silva

Hip Hop como utopia 103
    Spensy Pimentel

Alunos, estes desconhecidos 113
    Sandra Santos

A Invasão do Rap na escolarização da classe média 125
    Sandra Passarelli

O Hip Hop como registro do sentir e do desejar 137
    Márcia Silva

Rap na sala de aula 153
    Lair Aparecida Delphino Neves

"Rapensando" PCN's 161
    Ione da Silva Jovino

Conclusão 167

Prefácio

Tarefa difícil esta de apresentar uma obra que reúne um grupo de pesquisadores e profissionais da educação. Dois mundos que se aliaram no compromisso de entender os interesses de uma camada da juventude que, nas últimas décadas, tem obtido uma expressiva visibilidade social.

Esta parcela se refere aos "manos", aqueles cuja linguagem tem atraído milhares de jovens da periferia urbana e encantado outros tantos adolescentes de esferas sociais totalmente diferenciadas da sua: é o discurso do "gueto" sendo reconhecido e admirado pelos meios de comunicação, pela juventude da classe média e, principalmente, pela escola (com exceções) e pela pesquisa acadêmica.

No início dos anos 90 eclode na metrópole paulista um movimento social denominado *hip hop*, em que o *rap* é a figura central. Jovens de várias zonas da Região Metropolitana articulavam-se para inaugurar um período de criação em que uma arte juvenil transformava-se em prática política. Era a juventude negra que, influenciada por sua ancestralidade, soube dar continuidade a formas simbólicas de resistência. Soube apropriar-se dos recursos advindos de várias culturas negras (como a música), transformando essa modalidade artística em um discurso elaborado e consistente. Foi capaz de reivindicar direitos sociais, apontar as dificuldades da vida na pobreza, condenar as práticas de discriminação étnica e, principalmente, arrebatar a "massa" — esse foi e continua sendo o maior mérito da mobilização dos hip hoppers.

Embalados na onda desse fato social contemporâneo, cada autor dessa coletânea procurou compreender a dinâmica dessa fenomenologia negra urbana. Em iniciativas isoladas, cada qual em seu campo de trabalho ou de pesquisa, desenvolveu atividades e leituras científicas

significativas sobre esse movimento. Todos encontraram resistências tanto no âmbito acadêmico quanto no cotidiano escolar, em que determinados assuntos costumam ser vistos como "marginais" e sem importância social e educativa. O convite para a realização dessa obra vem do reconhecimento pelas suas iniciativas que asseguraram credibilidade ao agir dessa juventude excluída — dos manos da periferia, dos nossos alunos "cara de mal", que descobrimos dotados de um coração fraterno e de uma consciência política inimaginável.

Sem receio de falsa modéstia, incluo-me nesse grupo de pesquisadores comprometidos em depositar credibilidade na articulação dos rappers. Minha dissertação de mestrado foi pioneira sobre o assunto no país, e continua até a presente data sendo um trabalho inédito na área da educação.

Era interessante observar a reação de surpresa dos colegas de pós-graduação ao me verem pesquisando um assunto "banal", sem requinte acadêmico; bem como alguns professores daquela faculdade, que nada entendiam de juventude negra e por isso pouco incentivo davam para que a pesquisa tivesse melhor visibilidade e maior amparo. Ignorando essas posturas ideologicamente explicáveis (afinal, qual o interesse de se estudar devidamente a população negra no país da democracia racial?), continuei a minha caminhada, acreditando fielmente na força educativa e política dos rappers. O trabalho teve o seu êxito no reconhecimento pela família hip hop, representado na fala do "poeta" rapper Thayde, quando, na apresentação na minha dissertação, afirmou: "*A partir de hoje nós fazemos parte da sua história e você é parte da nossa história, da história do hip hop à brasileira*".

Desde então, outros importantes trabalhos emergiram no universo acadêmico, como as teses de doutorado apresentadas na Unicamp — Universidade Estadual de Campinas — pelos pesquisadores José Carlos Gomes da Silva e Maria Eduarda Araujo Guimarães. Ambos apontam, nessa coletânea, alguns dados abordados em suas respectivas pesquisas com profundidade de investigações.

A dupla Salloma Salomão e Amailton Grillu Azevedo contribuem com a reflexão sobre a significância do espaço juvenil na rua, apresentando uma historiografia do ser negro por meio da produção

Rap é educação

artística. Marco Aurélio Paz Tella assinala a importância da música como instrumento de luta da população negra.

Como não sou ordeira, vou procurar comentar fora da seqüência dos textos, outros dois que abrem e fecham o primeiro momento dessa coletânea. A obra está dividida em duas partes: a primeira refere-se às produções acadêmicas sobre o *rap*, e a segunda apresenta relatos de experiências e sugestões pedagógicas no trabalho que utiliza essa manifestação artística.

O primeiro texto, escrito pela professora Geni Rosa Duarte, amplia a nossa percepção trazendo o tema da música marginal — e nela enquadra o *rap*, nascida fora de um contexto social uniformizado e preestabelecido; um grupo cuja cultura predomina e por isso é dominante — o nome diz: domina. O último texto dessa parte é de minha autoria, em que relato a experiência que me levou ao mundo científico e ao interesse pelo hip hop. Indico ainda algumas descobertas realizadas na pesquisa.

Como o leitor pode perceber, o primeiro momento do livro é um apanhado acadêmico de personagens atrevidos que resolveram, como os *rappers*, "quebrar" tabus, e, em nosso caso, pesquisar um assunto marginal. O importante é que por essa iniciativa podemos dizer que os artigos aqui apresentados confirmam a legitimidade desse fenômeno, respeitado inclusive no universo acadêmico.

Nos textos finais da obra, o leitor poderá conhecer os relatos de educadores que trabalharam com o *rap* no cotidiano escolar ou, mais especificamente, na sala de aula. Os textos não são roteiros didáticos para orientação do professor sobre como trabalhar com o *rap*. Na realidade, é bem provável que muitos enriqueceriam essa obra com suas experiências. O trabalho central nessa parte da coletânea é desmistificar o preconceito contra o *rap*, com uma pequena amostra de como foi produtivo utilizá-lo como incentivo pedagógico. Tenho certeza de que na leitura de cada texto haverá um envolvimento, uma nova descoberta, um momento de reflexão, um olhar diferente para aqueles alunos "especiais".

Os autores desses relatos escreveram atividades e projetos que desenvolveram em suas respectivas unidades escolares. Não há em

suas produções nem ficção, nem demagogia, nem utopia. Há, sim, em cada proposta apresentada, o compromisso de profissionais que amam a educação e estão dispostos a desenvolver quaisquer iniciativas didáticas para o êxito do processo ensino-aprendizagem. Nessa disposição incluem-se ouvir os alunos, integrar culturas particulares e explorá-las: não é essa a proposta freireana???

Maria Aparecida (Cidinha) da Silva escreve acerca do Projeto Rappers, uma experiência valorativa de uma entidade do movimento negro. Spensy Pimentel aponta o quanto os rappers, esses nossos alunos, identificam-se com conceitos políticos e fazem destes instrumentos para a articulação dos grupos. Sandra Santos, a nossa pequena-grande Sandra, convida-nos a uma reflexão sobre a nossa prática pedagógica. Relembra que os conteúdos trabalhados nem sempre coincidem com os interesses dos alunos; com sua criatividade sugere uma aula a partir de uma música hiperpolitizada de um famoso grupo de *rap*. Sandra Passarelli é um exemplo de desafio, pois descreve como conseguiu desenvolver um projeto de trabalho com o *rap* em uma tradicional escola particular do município de Santo André. Márcia Silva, envolvida com os interesses artísticos dos seus alunos, descreve as possibilidades de trabalho com a música *rap*, tendo o seu apogeu na elaboração de pinturas e desenhos. Lair Aparecida Delphino Neves, professora de português, singelamente construiu um projeto em sala de aula com o *rap*, e, meses depois, foi referência em uma pesquisa acadêmica. E por fim, a professora Ione S. Jovino associa os princípios metodológicos estabelecidos pelos PCN's às possibilidades didáticas do trabalho com a arte do *rap* nas aulas de língua portuguesa.

Esperamos que os leitores apreciem a obra, pois ela reúne um grupo de amigos que se tornou uma grande família, ligada pelo ideal de produzir conhecimentos e experiências que possam de alguma forma não ser apenas apreciadas, mas reproduzidas, servindo de apoio e de incentivo para iniciativas semelhantes.

Elaine Nunes de Andrade

A Arte na (da) Periferia:
Sobre... Vivências

Geni Rosa Duarte

Discutindo sobre as possibilidades e os limites do conceito de "cultura popular",[1] Marilena Chauí referiu-se à figura de um caboclo, Aparecido Galdino Jacinto. Proveniente de Rubinéia, noroeste paulista, região onde na década de 1970 havia ocorrido uma série de conflitos entre proprietários e posseiros pelo direito de uso de roçados cultivados, Galdino fazia pregações contra a construção das barragens hidrelétricas, responsáveis pela miséria das populações. Acusava tais obras de irem contra a própria ordem natural das coisas: "Não se pode fechar os caminhos dos peixes nem dos homens", afirmava ele.

Fazendo uso de um discurso mesclado de citações e imagens bíblicas, o beato Galdino pregava também que a salvação estaria em formar um "exército divino", armado com partes dos seus próprios instrumentos de trabalho, para "tirar os espíritos maus dos homens". Ao tomar posse de um templo, Galdino e seus seguidores, uniformizados de verde, foram presos, junto com outras lideranças regionais, e obrigados a desfilar pela cidade amarrados uns aos outros com uma corda.

Acusado de curandeirismo, uma vez que costumava benzer as pessoas, de resistência à prisão e lesões corporais, acabou absolvido dessas acusações, mas enquadrado em crime contra a Segurança Nacional. Examinado por psiquiatras, foi considerado louco e débil mental, e, conseqüentemente, perigoso, razão pela qual foi internado no Manicômio Judiciário do Estado, o Juqueri.[2]

---

1. Chauí, Marilena. *Conformismo e resistência: aspectos da cultura popular no Brasil*. São Paulo, Brasiliense, 1993.

2. Utilizamo-nos de dados constantes de reportagem publicada pelo jornal *O Estado de S. Paulo* no dia 1º de abril de 1998.

Chauí destaca os motivos alegados pelos psiquiatras para classificar o examinado como louco — o seu olhar fugidio, que o tornava dissimulado; a sua capacidade de verbalização restrita, utilizando mais as mãos para se comunicar, o que seria sinal de retardo mental; o sorriso diante das perguntas que lhe faziam, o que mostraria que se tratava de alguém "perigoso". "Na verdade, porém", concluiu Chauí, "Galdino se expressava segundo os códigos da cultura caipira do interior de São Paulo, no qual olhar alguém diretamente nos olhos é sinal de desrespeito, as mãos são dotadas de um código de significações próprias e mais reveladoras de idéias do que as palavras (são parte integrante da linguagem) e o sorriso, longe de indicar debilidade mental e perigo, marcava a distância irônica em face do saber psiquiátrico".

Em outras palavras: o saber médico, revestido da autoridade a ele conferida pelo poder político, foi utilizado para a invalidação social de um personagem e de toda uma cultura e modo de ser que ainda prevalecem em vastas áreas do território nacional. Ou seja, determinou um padrão "civilizado" de postura corporal, a partir do qual os divergentes poderiam ser excluídos do convívio social.

Mais do que confinar certos indivíduos ao ostracismo, o saber "civilizatório", se assim podemos denominar a instrumentalização assumida por certas instituições no interior da sociedade, inclui nessa desclassificação numerosas esferas das manifestações culturais das classes menos favorecidas. Desde a época colonial, as danças praticadas pelas populações negras, como o batuque, o jongo, o samba, o lundu, recebiam condenação de instituições como a Igreja, que as encarava como formas de perpetuação do paganismo africano, enquanto eram toleradas pelos senhores, interessados na reprodução da mão-de-obra.[3] Eram tidas como danças lascivas, pela proximidade dos corpos dos dançarinos, e pela prática da umbigada, em algumas delas. Praticadas na periferia dos núcleos urbanos e nos aglomerados rurais, estas, como numerosas outras danças, serviam como delimitação dos

---

3. Bastide, Roger. *Sociologia do folclore brasileiro*. São Paulo, Anhambi, 1959, pp. 18-9.

limites "civilizados" mesmo após a sua introdução nas festas populares, como o Carnaval, e nos teatros, nas revistas musicais.

No samba que iniciou, nos anos 30, a famosa polêmica entre Wilson Batista e Noel Rosa, a caracterização que o primeiro fazia do malandro se centrava na postura, no corpo, delimitando o espaço entre o "nós" e o "eles": "Meu chapéu de lado / tamanco arrastando / lenço no pescoço / navalha no bolso / eu passo gingando / provoco e desafio / eu tenho orgulho / em ser tão vadio / Sei que eles falam deste meu proceder / eu vejo quem trabalha / andar no miserê / eu sou vadio / porque tive inclinação / eu me lembro, era criança / tirava samba-canção" (*Lenço no pescoço*, 1933, Wilson Batista).

Ao que Noel respondia aconselhando o sambista a trocar a vestimenta, fazendo uso de sapato e gravata, colocando o chapéu na posição usada pela rapaziada que não precisava viver escapando da polícia, embora aderindo à boemia, a trocar a navalha por "papel e lápis" (símbolo civilizatório) e por um violão (símbolo urbano), concluindo: "Malandro é palavra derrotista / que só serve pra tirar / todo o valor do sambista / Proponho ao povo civilizado / não te chamar de malandro / e sim de rapaz folgado". (*Rapaz folgado*, 1938, Noel Rosa). Em resumo, assumir uma postura corporal condizente com o padrão urbano aceito.

Os temas e ritmos populares, quando empregados pelos compositores eruditos e semi-eruditos desde o final do século passado no processo de nacionalização da nossa música, passaram por todo um processo de "higienização", quando foram destituídos de todas as suas características de prática social. Os temas negros e indígenas foram incorporados na qualidade de produzidos pelos "elementos componentes da nacionalidade", não como indivíduos e grupos reais. Folclorizados, deixavam de ser manifestações reais das camadas populares, e se tornavam simplesmente "exemplos" a serem mostrados — e modificados.

A música popular, ao penetrar nos salões, devia passar por um processo de "civilização", ou seja, adaptar-se a um padrão social aceito pelas elites, perdendo as características "eróticas" e corporais características de suas práticas pelas camadas marginalizadas da sociedade. Sorocabinha, músico caipira componente de uma dupla que

gravou discos após 1930, referiu-se a uma proibição de executar a catira ou cateretê, dança em que, ao som da viola, os cantadores fazem evoluções batendo palmas e pés, a não ser sentados[4] — "polícia ia e acabava com tudo", relatou ele.

Ao controle do corpo, acrescentava-se ainda o controle dos espaços, em especial dos espaços urbanos, delimitando-os, bem como os períodos em que as festas populares podiam ser realizadas.

No Rio de Janeiro, após as reformas urbanas do início do século, os subúrbios mais distantes, bem como as encostas dos morros, tornavam-se os limites sociais permitidos às camadas populares e principalmente à população negra. Esses limites definiam também os espaços do samba, do candomblé, dos atabaques, que deviam permanecer como espaços ainda não atingidos pela ação da civilização e da modernidade. Em São Paulo, a cidade definia-se entre os bairros da elite, nas partes mais altas, os bairros operários, próximos das fábricas, e aqueles habitados pela população "sobrante"[5] — ex-escravos e seus descendentes, sobrevivendo do trabalho eventual, do biscate, do subemprego.

A expansão da escola primária, atingindo pouco a pouco essas populações suburbanas, e posteriormente parte da população rural, teve uma ação homogeneizadora, impondo um padrão cultural e lingüístico e, ao mesmo tempo, marginalizando e descaracterizando todas as manifestações das camadas populares. Substituiu as festas populares pelas festas cívicas, bem como pelas festas tradicionais católicas. Impôs novas formas de sociabilidade, novas formas de canto, disciplinado e conjunto, e agiu no sentido de impor um padrão de corpo e de movimento pela educação física em conjunto. Mesmo quando se dispôs a dar a conhecer as manifestações populares, fê-lo pela idealização folclórica, "engessando" formas musicais, corporais etc.

---

4. Depoimento de Sorocabinha (Olegário José de Godoy) ao Museu da Imagem e do Som — MIS-SP, em 6/8/1991.

5. Essa expressão é utilizada por Boris Fausto, não qualificando as populações negras fixadas na cidade de São Paulo como "exército industrial de reserva", ao contrário do que acontecia no Rio. Fausto, Boris. *Trabalho urbano e conflito social*, São Paulo-Rio de Janeiro, Difel, 1977, ano 1, nº 10, janeiro de 1998.

Rap é educação

É significativo, então, que os folcloristas, recolhendo e registrando temas populares, quase sempre se tenham referido à "descaracterização" dessas formas, não reconhecendo nelas nenhuma possibilidade de mudança. Com isso, negaram vitalidade às camadas sociais que as praticavam, somente vendo como possível uma mudança em direção aos padrões civilizados, cultos, eruditos, científicos. Formas de pensar, cantar, dançar, curar, fabricar só poderiam permanecer na memória, e como "curiosidades, ou, na expressão mais antiga, como 'antigüidades populares' ".

Uma outra forma de negar vitalidade às camadas populares é só reconhecer pureza nas manifestações provindas da zona rural, centros de uma suposta "pureza", "não contaminada pelo urbanismo", de uma "autenticidade". Um grupo de maracatu, ou de congada, ou qualquer outro conforme a região, transforma-se em espetáculo para ser visto e apreciado, aplaudido. Tanto mais autêntico quanto menos mudança incorpore — de preferência como representante de uma tradição de muitas e muitas décadas.

Nega-se, então, qualquer vitalidade cultural às camadas urbanas — e mesmo às camadas urbanas que provenham das zonas rurais. Tanto faz que a escola se localize no Bexiga, no Brás, em Perdizes, na Freguesia do Ó ou em São Miguel Paulista, pensando no caso paulista — é o mesmo calendário, impondo uma única temporalidade que massacra as demais. A mesma festa escolar de São João, o mesmo "mês do folclore", com as mesmas "pesquisas bibliográficas" a respeito etc.

É nesse sentido, então, que ganha força a descrição de Recife feita por Chico Science, quando retratou uma cidade voltada para fora, para o exterior, exercendo sua opção pelo turismo, ignorando seus habitantes e construtores. O progresso espelha uma divisão que se exprime em suas várias dimensões: "A cidade se encontra prostituída / por aqueles que a usaram em busca da saída / Ilusora de pessoas de outros lugares / a cidade e sua fama vai além dos mares / No meio da esperteza internacional / a cidade até que não está tão mal / e a situação sempre mais ou menos / Sempre uns com mais outros com menos / A cidade não pára, a cidade só cresce / o de cima

Rap e educação

sobe, o de baixo desce". A possibilidade de saída entrevista pelo compositor incorpora as raízes populares, em uma perspectiva de mudá-las, de transformá-las em algo "pra mim e [...] pra tu": "Eu vou fazer uma embolada, um samba, um maracatu / tudo bem envenenado, bom pra mim e bom pra tu / prá gente sair da lama e enfrentar os urubu..." (*A cidade*, Chico Science e Nação Zumbi).

A coreografia do grupo, identificada com os caranguejos do mangue, exprimia a libertação do corpo dos limites impostos pela cultura oficial, delimitadora dos espaços do popular, uma vez que valorizava o sujo, o úmido, o fétido, o feio, tornando-os significativos. Ou seja, valorizando o ser, o fazer, o sentir, contra o exibir, o mostrar.

O hip hop pode não fazer jus ao reconhecimento "oficial" como movimento cultural por suas origens externas, recebidas por intermédio dos meios de comunicação de massa. No interior da ideologia do consumo, admite-se apenas a possibilidade de reprodução, seja de produtos, de formas de comportamento ou de arte.

Ganha importância exatamente por isso o movimento gestado entre os jovens da periferia paulistana, exatamente onde a "cultura oficial" assegura não haver mais qualquer autonomia cultural. Fugindo das formas de simples reprodução dos modelos externos, fugindo do circuito massificador dos meios de comunicação, ele consegue resgatar, de forma muito significativa, as questões sociais geradoras de exclusão. Não fica na simples denúncia, mas revela-se um "construtor" de possibilidades e de perspectivas de vida.

Meu propósito é apontar, aqui, apenas algumas questões que me parecem significativas nesse movimento como espaço de autonomia e de identidade de amplas camadas de jovens muitas vezes alijados dos espaços sociais integrativos da vida urbana. Vou me referir aos músicos populares da periferia paulistana e à sua produção, deixando de lado conjuntos gestados em outros espaços culturais que usufruem das formas estilísticas características do rap.

Em primeiro lugar, destaca-se a força que tem a *palavra*, a *letra*, o *poema* na produção dos rappers paulistanos. Na comunicação de massa, na cultura do "marketing", a palavra serve muito mais para indicar direção ao comportamento — "compre", "consuma", "faça", "seja", "pareça" etc. — do que para discutir posicionamentos e opiniões. O rap, ao contrário, debate, discute. Retoma, nesse sentido, uma das funções que a literatura tem nas sociedades letradas, e o faz sem demarcar espaços de separação entre o produtor "autorizado" do texto literário e o consumidor deste. Em outras palavras, o rapper torna-se o *literato*, no sentido exato da palavra, conquistando o direito de se exprimir pela palavra.

"Eu vejo a injustiça. Falo como vejo as coisas", disse Mano Brown, dos Racionais MC's numa entrevista à revista *Caros Amigos*, explicando as razões do sucesso que conseguiu sem lançar mão do aparato de propaganda das gravadoras. Em outra parte dessa entrevista, ele mostrou o que significou incorporar a gíria, o modo de falar da população para quem o grupo se dirigia, criticando nesse sentido o LP *Voz Ativa* (1992): "Tinha medo de falar gíria, medo de ser mal interpretado, da música ser vulgar. Se você ouvir, vai ver que a palavra [...] parece que eu sou um professor universitário [...] Tudo quase semi-analfabeto querendo falar pros cara da área, e ficava parecendo que não éramos nós. Aí eu falei? 'Não, pára, mano!'".

Em outras palavras, trata-se de forjar uma literatura "para si", e não segundo padrões alheios. Sem descartar a riqueza das composições, é na relação entre aquele que diz e aquele para quem se diz que deve ser pensada a força assumida pelo rap. Aquele que ouve também é aquele que tem o direito à palavra, porque a palavra se faz na linguagem que lhe é própria.

Esse movimento não pode ser reduzido à dimensão da indústria fonográfica, por expressiva que seja a vendagem dos seus discos. Não é mais um ritmo, mais uma forma musical que faz sucesso no mercado. Não pode ser pensado apenas como letra-e-música, por incorporar, no seu fazer, também a dimensão corporal, por meio da dança.

Talvez se pudesse aprofundar essa questão, referindo-se à dimensão que o corporal assume nas culturas negras. O corpo, nessa tradição, faz parte de uma totalidade, não se constitui numa entidade separada do que se poderia chamar alma, ou razão. Essa unicidade conseguiu se impor até mesmo sobre a ortodoxia protestante, se nos lembrarmos dos *spirituals* e da música religiosa negra americana.

Rap e educação

Na cultura ocidental, a dança baseia-se fundamentalmente na sincronia dos movimentos — daí a necessidade de aprendizagem. No caso do rap, a dança contrapõe-se exatamente a essa disciplinarização dos corpos imposta pela mesma sociedade que segregou todas as manifestações das culturas negras, à medida que faz uma contraposição do particular ao coletivo. Nesse sentido, poderíamos dizer que o corpo individual se especifica totalmente, ou seja, assume plenamente todas as suas potencialidades. Assume uma autonomia significativa, explorando plenamente suas capacidades, assumindo sua identidade. O corpo se expõe, não se retrai, não se esconde.

Essa força expressiva de colocação do corpo no espaço urbano já estava presente no *break* dançado nas ruas de Nova York, como forma de imposição de um modo de ser sobre um espaço urbano discriminador. No caso dos jovens da periferia paulistana, a dança também congrega, aglutina. Refaz a identidade corpo/espírito, afastando-se, nesse sentido, de outras manifestações como o *funk* carioca, por exemplo — sem menosprezar este último como manifestação cultural.

Outro aspecto significativo do movimento hip hop, integrado com os aspectos a que já nos referimos, é a questão da arte, o grafite.

Tal como a dança, o grafite também constrói uma ponte entre o individual e o coletivo, como projeto e realização. Concretiza uma proposta de intervenção sobre o espaço urbano por meio da arte, fora dos circuitos consagrados da sua produção e circulação.

Num certo sentido, aproximam-se os grafiteiros dos ideais dos muralistas mexicanos, que queriam a arte fora das galerias, expressando-se para o povo comum. Ao mesmo tempo, diferenciam-se destes por exercerem a pintura num espaço não-convencional, que deve ser "conquistado" — e, conseqüentemente, exercem uma intervenção cuja característica principal é a *provisoriedade*, a *descontinuidade*.

Se pensarmos nas características físicas da periferia paulistana, essa intervenção pode ser mais bem percebida em toda a sua riqueza. Do espaço de onde provêm esses jovens, as casas são pobres, mal-acabadas, as ruas não contam muitas vezes com melhoramentos urbanos

mínimos, a paisagem é desprovida de verde. A intervenção nesses espaços dependeria de políticas públicas, uma vez que eles congregam moradores impossibilitados de fazer uso das melhorias urbanas.

No entanto, o grafite consegue criar uma intervenção que se contrapõe à pobreza das paisagens. Não reproduz o físico, mas trabalha com a força do imaginário — inventa, projeta, avança. Afinal, o mundo não é constituído só de coisas tangíveis, de elementos físicos, mas também de símbolos. A arte não é o espelho do real, mas uma das suas múltiplas dimensões, pela qual a ação humana pode se expressar com toda a sua força.

Bibliografia

Adeus professor, adeus professora? Coleção Questões da Nossa Época, v. 67, São Paulo, Cortez, 1998.

ALVES, RUBEM AZEVEDO. *Conversa com quem gosta de ensinar.* ARS Poética/Epeculum, 1995.

BRANDÃO, CARLOS RODRIGUES. *O que é educação.* São Paulo, Brasiliense, 1995.

BRANDÃO, ZAIA (org.) *A crise dos paradigmas e a educação.* São Paulo, Cortez, Coleção Questão de Nossa Época, nº 35, 1994.

Didática: a aula como centro. Coleção Aprender e Ensinar. São Paulo, FTD, 1994.

MARIN, ALDA JUNQUEIRA (coord.) *Didática e trabalho docente,* São Paulo, J. M. Editora Ltda., 1996.

MASETTO, MARCOS TARCÍSIO. *Aulas vivas.* São Paulo, M. G. Editores Associados Ltda., 1992.

MORAIS, RÉGIS DE. *Sala de aula: que espaço é esse?* Campinas, Papirus, 1991.

PENIN, SÔNIA T. DE SOUZA. *A aula: espaço de conhecimento, lugar de cultura.* Coleção magistério: Formação e Trabalho Pedagógico, Campinas, São Paulo, 1994.

PIMENTEL, MARIA DA GLÓRIA. *O professor em construção.* 3ª ed., Campinas, Papirus, 1996.

RONCA, PAULO AFONSO CARUSO. *A aula operatória e a construção do conhecimento.* São Paulo, Editora do Instituto Esplan, 1995.

SANT'ANA, ILZA MARTINS. *Didática: aprender a ensinar*, 3ª ed., Loyola.

GENI ROSA DUARTE, formada em Ciências Sociais — FFLCH-USP. Mestre e doutoranda em História — PUC-SP. Foi professora da rede pública estadual e municipal. Participou do "Projeto de Reorientação Curricular via Tema Gerador" da Secretaria Municipal da Educação de São Paulo (1989-92), e do Projeto de Educação Continuada da Secretaria Estadual de Educação/Universidade de Mogi das Cruzes (1997-98).

Arte e Educação:
A Experiência do Movimento Hip Hop Paulistano

José Carlos Gomes da Silva

Apresento neste artigo um tema paralelo à pesquisa que realizei sobre o fazer musical dos grupos de rap na cidade de São Paulo.[1] Por diferentes razões a periferia da Zona Sul foi escolhida como local para a pesquisa. Trabalhei basicamente com a produção fonográfica, depoimentos e observações sobre o fazer musical. Acompanhei grupos de rap em diferentes estágios no intuito de registrar o sentido da música na vida diária dos jovens.[2] Assim, a música foi apreendida não apenas em termos estruturais, mas como reelaboração estética da experiência cotidiana. Seria impossível, naturalmente, retomar nesse momento todas as questões contidas na tese, por isso uma reflexão mais específica sobre a relação entre os rappers e a educação parece-me mais apropriada; porém, antes mesmo de apresentá-la, entendo que é preciso uma breve contextualização do tema.

Os rappers surgem na vida paulistana nos anos 90, não apenas como grupos musicais no sentido estrito, mas integrados à um movimento estético-político mais amplo que é o movimento hip hop. Por uma questão de organização do texto discutirei sua constituição no próximo tópico. Mas desde já é preciso ter claro que o hip hop é um movimento integrado por práticas juvenis construídas no espaço das ruas. E, aos olhos dos jovens, não se resume a uma proposta exclusivamente estética envolvendo a dança break, o grafite e o rap, mas, sobretudo, a fusão desses elementos como arte engajada.

---

1. A pesquisa em tese de doutorado apresentada na Unicamp em dezembro de 1998 intitulada *Rap na cidade de São Paulo: música, etnicidade e experiência urbana*.

2. Para uma compreensão da importância do método etnográfico na pesquisa sobre a música industrializada ver Cohen (1993).

Os rappers afirmaram desde o início a condição de "anti-sistema". Promoveram sobretudo a crítica à ordem social, ao racismo, à historia oficial e à alienação produzida pela mídia. Construíram mecanismos culturais de intervenção por meio de práticas discursivas, musicais e estéticas que valorizaram o "autoconhecimento". Organizaram não apenas ações concretas nas ruas, mas também interagiram com as escolas oficiais por intermédio de projetos específicos. Na ação concreta dos grupos, percebe-se que a educação formal não respondia a muitos dos interesses dos jovens que, somente por iniciativa própria, poderiam reelaborar a "autoconsciência" do processo social. Creio que a ruptura proposta pelos rappers pode ser bem compreendida se confrontada à condição juvenil na sociedade contemporânea e à construção do espaço escolar como instância fundamental de socialização da juventude. Uma breve síntese sobre esses dois pontos é relevante para situar o debate e o teor da crítica promovidos pelo movimento hip hop.

Desde os anos 20, as ciências sociais vêm construindo modelos explicativos sobre a juventude. Inicialmente os jovens foram pensados como um grupo homogêneo integrado por indivíduos de uma mesma faixa etária. Em outros contextos valorizou-se a idéia de rebeldia como elemento central da identidade juvenil,[3] mas, a despeito das diferentes interpretações, concluiu-se que os movimentos juvenis organizam-se em oposição à ordem social e revelam contradições inerentes à sua própria (Braeke, 1985). Grupos como os Hells Angels, Black Panters, Hooligans, as gangues norte-americanas, as galeras francesas, são antes instâncias de expressão da crítica juvenil do que propriamente fruto do desajuste social.

Quanto à educação como espaço genérico de socialização dos jovens, é preciso considerar que em uma sociedade marcada por desigualdades sociais, a condição juvenil não se expressa de forma idêntica. Surge diversificada segundo as desigualdades de oportunidades e experiências culturais específicas. Os dados divulgados recentemente

---

3. Diferentes estudos têm-se referido às construções teóricas sobre a juventude no âmbito das ciências sociais. Para uma análise mais ampla desse processo ver especialmente, Abramo (1994), Cardoso e Sampaio (1996) e Zaluar (1997).

pela Unesco indicam que as questões relativas ao contexto sócio-histórico e ao universo simbólico do aluno não são abandonadas no momento em que estes ingressam nas unidades escolares. Parte dos conflitos localizados no interior das escolas pode ser mais bem compreendida se relacionada à dificuldade da própria instituição em posicionar-se diante do mundo juvenil.

Sobretudo nas últimas décadas, quando os jovens oriundos das classes populares passaram a integrar a rede pública de ensino, a situação tornou-se crítica.[4] Indicadores recentes demonstram que os conflitos e questões de natureza pedagógica relacionam-se às dificuldades da escola em responder a esse novo desafio. As pesquisas desenvolvidas pela Unesco também confirmam que a inexistência de uma tradição de políticas públicas voltadas para os jovens e o desconhecimento sobre a condição juvenil na sociedade contemporânea têm conduzido a práticas e construções simbólicas que dificultam o diálogo entre os jovens e as autoridades escolares.[5]

O argumento decisivo é que as escolas têm permanecido impermeáveis às experiências juvenis desenvolvidas fora do seu âmbito. Atividades relacionadas à sexualidade, ao lazer, à violência, ao racismo, às drogas etc., que demandam dos jovens práticas e construções próprias para enfrentar a realidade, raramente são tomadas como objeto de reflexão. As organizações informais juvenis, como as galeras, as turmas, as gangues, as posses, que surgiram recentemente nas metrópoles brasileiras, permanecem ainda ignoradas. Sabe-se que as autoridades escolares têm-se concentrado nos conteúdos fundamentais relativos ao processo de aprendizagem, mas é certo que a compreensão do universo juvenil deveria também contribuir para que o processo pedagógico fosse elaborado a partir da experiência dos sujeitos

---

4. Segundo dados do MEC em 1995 havia cerca de 37,8 milhões de alunos matriculados na educação básica (ensinos fundamental e médio), e no ano de 1998 esse número saltou para 42 milhões, *Folha de S. Paulo*, 28/4/1999, p. 7.

5. Cabe dizer que pensar o jovem implica tornar relevante seus espaços, suas idéias e práticas. Implica, sobretudo, considerá-los atores com os quais é possível estabelecer uma relação dialógica, construindo assim um espaço onde possam contribuir para a formulação e soluções de seus problemas (Waiselfisz, 1998).

concretos e não de uma abstração sobre o aluno. As pesquisas sociológicas confirmam que os adolescentes integrados aos movimentos juvenis elaboram interpretações próprias sobre problemas específicos localizados na estrutura social. Nesse sentido, o movimento hip hop constitui uma possibilidade de intervenção político-cultural construída na periferia paulistana. E se uma das formas de compreender os jovens é ouvi-los, o movimento hip hop certamente tem algo a dizer.

Hip Hop e Experiência Urbana

O hip hop é um movimento cultural juvenil presente em diferentes metrópoles mundiais. Historicamente ele surgiu no bairro do Bronx nova-iorquino. No final dos anos 70, jovens afro-americanos e caribenhos tiveram participação decisiva em sua constituição. A dança *break*, a arte visual materializada no grafite e o rap como expressão poético-musical integraram-se como parte do sistema cultural juvenil em construção.

Em termos sociológicos o movimento hip hop foi interpretado como expressão artístico-política de um momento de transição da metrópole nova-iorquina. Na época questões relativas à desindustrialização, ao desemprego, ao corte dos serviços públicos de apoio e ao recrudescimento da violência urbana refletiam diretamente sobre a condição juvenil (Rose, 1994). Foi nesse contexto que práticas culturais essencialmente urbanas, vinculadas à dança robotizada dos *breakers*, as artes visuais, expressas nos muros e trens dos metrôs via grafite e a música dos rappers fundada no ritmo e na poética de origem afro-americana consolidaram-se como forma de expressão artística e crítica política (Toop, 1991; Rose, 1994; Keyes, 1996).

Esses três elementos, passíveis de serem separados apenas em termos analíticos, foram amalgamados e transformaram-se em um sistema simbólico orientador das práticas culturais e das atitudes juvenis.[6] Historicamente o Bronx tem sido considerado "o berço da

---

6. No momento não pretendo discutir a especificidade de cada manifestação artística. Para uma análise em particular do *break*, do grafite e da rap ver Silva (1998).

Rap é educação

cultura hip hop", porque foi nesse espaço que os jovens de origem afro-americana e caribenha reelaboraram as práticas culturais que lhes são características e produziram via arte a interpretação das novas condições socioeconômicas postas pela vida urbana.[7]

O movimento hip hop exprime-se por meio da arte e apropria-se das ruas como palco para o fazer artístico, mas em termos organizacionais o movimento encontra-se imerso na localidade. É nesse plano mais particular, relativo ao bairro, que os jovens se estruturam mediante as festas de rua, as *crews* ou *posses*. As *posses* constituíram-se como espaço próprio pelo qual os jovens passaram não apenas a produzir arte, mas a apoiar-se mutuamente. Diante da desagregação de instituições tradicionais, como a família, e a falência dos programas sociais de apoio, as *posses* consolidaram-se no contexto do movimento hip hop como uma espécie de "família forjada" pela qual os jovens passaram a discutir os seus próprios problemas e a promover alternativas no plano da arte. No contexto norte-americano as *posses* constituem-se como o oposto às gangues, que são também grupos juvenis de apoio, que, não obstante, promoviam a violência entre os iguais. Para pesquisadores pioneiros como Toop (1991), foi nesse espaço menor das *posses* que os jovens desenvolveram mecanismos estratégicos que possibilitaram reinterpretar a experiência juvenil nas ruas de forma positiva.

Reunidos no âmbito das *posses*, dividindo o próprio bairro do Bronx em sessões controladas por grupos que substituíram a rivalidade das ruas pela realidade da arte, as principais lideranças do movimento hip hop enfrentaram o universo cotidiano da falta de oportunidades e a violência enfatizando as disputas no plano simbólico.[8] As festas de rua, as *block parties*, transformaram-se em momentos de lazer e reflexão nos quais a dança, o grafite e o rap tornaram-se expressões de

---

7. O termo hip hop está associado aos movimentos da forma popular de dançar, que envolvia movimentos como saltar (*hip*) e movimentar os quadris (*hop*)(Keyes, 1996).

8. A mais importante organização juvenil desenvolvida no contexto norte-americano foi a *Zulu Nation* fundada pelo legendário Afrika Bambaata, um dos ícones dos integrantes do movimento hip hop em todo o mundo.

uma nova consciência política. Portanto, desde as origens o sentido da arte no âmbito do movimento hip hop associa-se ao vivido. Não se trata de arte contemplativa no sentido ocidental do termo. Segundo Shustermann (1997), trata-se de uma arte pragmática que rompe com a idéia do artista como ser destacado da realidade. Arte dentro do movimento hip hop significa sobretudo engajamento político no sentido amplo.

Durante o processo de constituição, os elementos centrais do movimento hip hop foram sendo também desterritorializados e ganharam as grandes metrópoles mundiais. Pelos meios de comunicação, TV, cinema, rádios, indústria fonográfica, redes de computadores etc., os jovens de diferentes metrópoles integraram-se ao movimento hip hop. Desde então, passaram a reinterpretar a realidade particular por eles vivida orientados por símbolos e práticas culturais elaboradas externamente. É o que hoje se verifica com a segunda geração de descendentes de africanos na França, com os jovens turcos na Alemanha e com os jovens excluídos nos bairros periféricos de São Paulo e cidades-satélites de Brasília.

Nesses espaços o hip hop permaneceu associado aos grupos juvenis excluídos e aos afrodescendentes. A utilização da arte como forma de expressão política também continuou como central. Na cidade de São Paulo o hip hop consolidou-se em momentos diferenciados, mas a rua continuou como referência não apenas de expressão, mas de produção da arte juvenil. Por esses motivos o termo "cultura de rua" fixou-se internamente como sinônimo da estética hip hop. A elaboração da "cultura de rua" foi marcada no início por experiências desenvolvidas no centro urbano, mais precisamente no espaço da Estação São Bento do Metrô, posteriormente integrou-se ao Geledés,[9] ao mercado fonográfico alternativo e ganhou a periferia, por meio das *posses*. Não cabe fazer no momento a memória desse processo iniciado com

---

9. Geledés é uma instituição de defesa da mulher negra. Durante o início dos anos 90 apoiou o movimento hip hop por meio do Projeto Rappers Geledés. Um dos principais produtos dessa relação foi a *Revista Pode Crê!* produzida pelos rappers com o apoio da instituição.

os *breakers* em meados dos anos 80, o qual se consolidou na década de 90 na cidade de São Paulo. Porém, é importante destacar que ao longo desse período dois temas permaneceram fundamentais nessa reflexão estético-política. O primeiro diz respeito à reconstrução da identidade negra e, o segundo, à experiência juvenil na periferia.

No início dos anos 90 verificamos entre os rappers paulistanos a influência da segunda geração do rap norte-americano. Nesse momento, a luta pelos direitos civis da população negra e a mobilização dos símbolos afro-americanos internacionalizados integram-se ao universo discursivo de grupos como o Public Enemy, NWA, KRS One, Eric B e Rakin, entre outros. Referências à África, a Malcom X, a Martin Luter King, aos Panteras Negras, ao Islã. Presentes nas músicas, nos videoclipes e nas capas dos discos esses símbolos se tornam também familiares aos rappers paulistanos.

O conhecimento da realidade apareceu como questão vital para os rappers paulistanos em toda a sua trajetória. Internamente empenharam-se no sentido de compreender a história da diáspora negra no novo mundo. Sabiam que pela educação formal esse objetivo não poderia ser alcançado, ao contrário, a experiência educacional apenas confirmara o silenciamento sobre as práticas políticas e culturais relativas aos afrodescendentes. Nesse momento os rappers enfatizaram que o "autoconhecimento" é estratégico no sentido de compreender a trajetória da população negra na América e no Brasil. Livros como *Negras raízes* (Alex Haley), *Escrevo o que eu quero* (Steve Byko), biografias de Martin Luther King e Malcom X, a especificidade do racismo brasileiro, especialmente discutida por Joel Rufino e Clóvis Moura, bem como lutas políticas da população negra, passaram a integrar a bibliografia dos rappers. O objetivo era obter um conhecimento fundamental para a ação, mas que lhes fora negado no processo de educação formal.

A partir do "autoconhecimento" sobre a história da diáspora negra e da compreensão da especificidade da questão racial no Brasil, os rappers elaboraram a crítica ao mito da democracia racial. Denunciaram o racismo, a marginalização da população negra e dos seus

descendentes. Enquanto denunciavam a condição de excluídos e os fatores ideológicos que legitimavam a segregação dos negros no Brasil, os rappers reelaboraram também a identidade negra de forma positiva. A afirmação da negritude e dos símbolos de origem africana e afro-brasileira passaram a estruturar o imaginário juvenil, desconstruindo-se a ideologia do branqueamento, orientada por símbolos do mundo ocidental. Redefiniram dessa forma as relações raciais normalmente vistas como cordiais.[10] Para os rappers, a condição concreta da população negra no Brasil indica que o discurso da cordialidade é apenas uma máscara que precisa ser retirada. A valorização da cultura afro-brasileira surge, então, como elemento central para a reconstrução da negritude. Retoma-se também, nesse caso, os valores relacionados ao black is beautiful e ao orgulho negro, enfatizado pelo movimento *black power* dos anos 70. Dessa forma os rappers paulistanos se vêem como continuadores dessa tradição.[11] As músicas, os discursos e todo o imaginário do período passa a ser estruturado pela valorização das lutas políticas e pelos símbolos de origem afro-americana e afro-brasileira. A partir dessas referências a produção musical torna-se o meio pelo qual o "autoconhecimento" juvenil será expresso. Autoconhecimento torna-se, portanto, uma palavra-chave para os integrantes do movimento hip hop. Apesar de referenciados no início nos símbolos afro-americanos, verifica-se posteriormente o deslocamento da poética em relação à simbologia afro-brasileira com o objetivo de melhor compreender a realidade específica experienciada pelo grupo.

Outro aspecto central do processo do autoconhecimento produzido pelos rappers encontra-se na valorização da experiência de vida.

---

10. As discussões críticas sobre a ideologia do branqueamento, o mito da democracia racial e cordialidade das relações raciais no Brasil foram discutidas por diversos autores. Os estudos desenvolvidos por Fernandes (1972) e Skidmore (1976) são considerados clássicos; para uma discussão mais contemporânea ver Scwharcz (1996).

11. Para a compreensão da continuidade entre o movimento hip hop e o *black power* no contexto norte-americano ver Keyes (1996). Para uma análise do discurso interno dos rappers paulistanos sobre o tema, ver a música *Senhor tempo bom* dos rappers de Thaide e DJ Hum.

Rap é educação

Ter passado pelo processo de exclusão relacionado à etnia e à vida na periferia surge como condição para a legitimidade artística. A mesma experiência individual que é relegada a segundo plano nos bancos escolares transforma-se em tema de reflexão e construção da narrativa poética. É dessa experiência pessoal e intransferível que os rappers extraem a matéria-prima para a composição musical. As letras longas, permeadas por expressões locais, exprimem o universo da periferia. No rap a mensagem é sempre pessoal, por isso os rappers recusam-se a cantar músicas de outros rappers, mesmo que tenham alcançado destaque na indústria fonográfica. A atitude *cover* é na visão dos rappers um indicativo da incapacidade em construir uma mensagem própria. Para os integrantes do *hip hop* o fundamental é elaborar uma mensagem pessoal. Por esse motivo são conhecidas as dificuldades daqueles que não passaram pela experiência da localidade em legitimar-se no grupo.[12]

A condição de excluído surge no discurso rapper como objeto de reflexão e denúncia; mais uma vez é a dimensão pessoal que possibilita o desenvolvimento da crônica cotidiana de um espaço no qual o poder público e a mídia se afastaram. Os rappers falam como porta-vozes desse universo silenciado em que os dramas pessoais e coletivos desenvolvem-se de forma dramática. Chacinas, violência policial, racismo, miséria e a desagregação social dos anos 90 são temas recorrentes na poética rapper. São reflexos da desindustrialização da metrópole e da segregação urbana que dividiu a cidade em condomínios fortificados e bairros pobres. De um lado, registram-se os guetos nobres, controlados e vigiados por seguranças armados e sistemas eletrônicos sofisticados, símbolos do mais recente processo de segregação urbana. De outro, surge a periferia, descrita como espaço controlado por micropoderes locais, traficantes, grupos de extermínio e policiais corruptos.

---

12. Tricia Rose (1994) discute esse problema no contexto norte-americano a partir de experiência do rapper Vanilla Ice. Jovem branco de classe média que encontra dificuldades em ser aceito como integrante do movimento hip hop. Condição semelhante tem sido vivida no plano nacional pelo rapper carioca Gabriel, O Pensador.

Por meio das denúncias e narrativas sobre o mundo da periferia, os rappers pretendem romper com o silenciamento sobre os problemas enfrentados por aqueles que se encontram do outro lado dos muros. Privados dos sistemas de apoio social, saúde, educação e segurança, os jovens paulistanos se viram à mercê da crise social expressa por indicadores crescentes de violência. Hoje a classe média ao ser também atingida começa a reagir diante dos problemas há muito colocados para os cidadãos da periferia. Diante do silêncio indiferente da metrópole, a voz dos rappers e integrantes do movimento *hip hop* tem permanecido como referência para os jovens. Trata-se de um grito de indagação que a sociedade recusa-se a ouvir; enquanto isso a *"periferia segue sangrando, e eu pergunto até quando?"* (GOG).

As Posses e a Escola Pública

Sabemos que o campo das organizações juvenis nas grandes metrópoles brasileiras é ainda pouco discutido em termos acadêmicos. Mas certamente ele pode ser bem compreendido quando posto na perspectiva dos próprios sujeitos. Termos como gangues, galeras e *posses* possuem de fato sentido preciso entre os jovens, mas por causa das especificidades locais surgem interpretados de forma diferenciada pelos pesquisadores. Em São Paulo o termo gangue é visto pelos jovens integrados ao movimento hip hop como prática incompatível com os ideais do grupo.[13] No Rio de Janeiro, onde o movimento hip hop não teve o mesmo desenvolvimento diante da hegemonia dos bailes funks, as turmas que se auto-intitulam como galeras têm como lugar de expressão o próprio baile e não apresentam qualquer referência ideológica ao movimento hip hop.[14] Em outros contextos os pes-

---

13. O uso do termo gangue entre os breakers não tem o mesmo sentido expresso por outros contextos em que normalmente aparece associado à disputa de territórios e à violência. Alguns integrantes do movimento consideram fundamental inclusive a revisão do termo historicamente consagrado pela prática juvenil.

14. Ver, a propósito, o estudo desenvolvido por Vianna (1988).

quisadores indicam que as gangues surgem como expressão do movimento hip hop, o que parece uma contradição, visto sob a perspectiva dos rappers paulistanos.[15] Em Brasília apesar de o movimento hip hop ter-se constituído de forma semelhante ao que verificamos em São Paulo, pesquisadores como Waiselfisz não se referem à *posse* como instância de organização do movimento hip hop. Entretanto, o autor faz uma distinção importante do ponto dos grupos juvenis. Para os jovens galera é uma turma de amigos que sai unida para se divertir em bailes e shows, enquanto gangue, embora se constitua numa turma de amigos, tem propósitos de demarcar territórios e sustentar conflitos com outras gangues (Waiselfist, 1998, p. 47). Pelo discurso juvenil percebe-se que as gangues se apresentam como grupo de enfrentamento para fazer face a outros grupos enquanto as galeras apresentam-se como um espaço de lazer e reuniões de grupos de amigos cujos laços são menos definidos.

As *posses*, no caso paulistano, constituem um espaço de organização artístico-político característico do movimento hip hop para os quais a "atitude consciente" traduzida em expressões artísticas envolvendo o conhecimento da realidade é central. Na *posses* o grande desafio é não sucumbir aos problemas postos na periferia. Tornar-se "mais um sobrevivente" implica buscar o apoio nos próprios *manos* e denunciar as formas de opressão, tensões e conflitos que marcam o cotidiano juvenil na metrópole. Portanto, as *posses* apresentam-se como o espaço característico de organização do movimento hip hop. Pela arte a realidade é reelaborada como linguagem simbólica: rap, break e grafite surgem como suportes estéticos necessários à expressão da realidade. Como local de agregação dos *manos* é a partir das *posses* que a rede de relações entre os grupos é estabelecida e a política de intervenção nos espaços das ruas é concretizado. Pela ação direta organizam as festas de rua e eventos que visam à conscientização diante dos problemas que atingem a periferia

---

15. Na pesquisa desenvolvida por Diógenes (1998) em Fortaleza as diferenças entre gangues e galeras são vistas pela autora como irrelevantes. A oposição entre gangues e movimento *hip hop* nesse contexto parece também não ser relevante.

As *posses* apresentam diferenças fundamentais em relação às demais formas de organização juvenil características das grandes metrópoles, como as gangues e as galeras. Elas surgiram como uma resposta política dos jovens integrados ao movimento hip hop no intuito de reelaborar os conflitos e disputas violentas das ruas em termos artísticos. As iniciativas de Afrika Bambaata nesse terreno foram pioneiras no contexto norte-americano. Por meio da organização juvenil *Zulu Nation*, Bambaata propôs que os grupos de *break* deslocassem os conflitos das rua para o plano artístico. Posteriormente, os *rappers* passaram a reelaborar a exclusão social e o racismo em termos musicais e poéticos e os grafiteiros a exprimir o anonimato do gueto pela arte visual. É bem verdade que as *posses* foram constituídas internamente pelos rappers paulistanos diante da realidade local, mas percebe-se nos seus objetivos que a experiência norte-americana constitui uma referência ideológica.

Ao desenvolver a pesquisa com os rappers verifiquei que em diferentes momentos a interface entre a "cultura de rua" e o universo formal da escola foi estabelecida. Apesar das tensões entre essas duas formas de compreender, ocorreram também realizações positivas. Em determinado momento a articulação entre a "cultura de rua" e a escola resultou em palestras, discussões, produções artísticas etc., que romperam com tabus consolidados sobre o conhecimento juvenil e as experiências elaboradas fora do espaço escolar. O projeto *Rap... ensaiando a Educação* possibilitou no início dos anos 90 a interação entre as escolas e o universo da periferia via resgate da palavra dos próprios rappers. Tais experiências indicam que os caminhos para a construção do saber ancorado em conteúdos formais que agregue momentos significativos da experiência juvenil são possíveis.[16]

Após esse período as relações entre a "cultura de rua" e a escola tiveram prosseguimento via ação das *posses*. Na Zona Sul paulistana a

---

16. Refiro-me ao projeto *Rap... ensaiando a Educação* que, no início dos anos 90, foi desenvolvido pela Prefeitura de São Paulo (gestão da prefeita Luiza Erundina). O projeto envolveu grupos de rap paulistano e as escolas municipais em atividades marcadas por palestras e debates envolvendo rappers e as unidades escolares.

Rap é educação

Conceitos de Rua, no bairro do Capão Redondo, liderado por Carlos, DJ Dri, Gallo e Rogério, entre outros, foi pioneira no desenvolvimento de atividades que tinham como objetivo reinterpretar o espaço escolar do ponto de vista juvenil. Com o apoio decisivo da direção da escola EMPG Levi de Azevedo, foram desenvolvidas, especialmente nos finais de semana, oficinas culturais envolvendo grupos de break, grafite e rap. As atividades tinham como objetivo o aperfeiçoamento e difusão dos elementos centrais do movimento hip hop, mas também a ação política centrada na denúncia ao racismo e à atuação dos grupos de extermínio na região. Uma rádio comunitária, a Transa Black, passou a atuar como apoio para a difusão dos ideais do movimento hip hop. Outras *posses*, como a Ritual Democrático de Rua Negro, no outro extremo da Zona Sul, região de Parelheiros, liderada pela MC Regina, consolidou-se a partir de ideais semelhantes. Atualmente, por meio da Rádio 10, o grupo continua reunindo entre cinqüenta a trezentos jovens em sessões semanais na Casa de Cultura de Santo Amaro. Nesses momentos eles reinterpretam a realidade por intermédio da arte e constroem leituras particulares pela música, poesia, dança e artes visuais. Os grupos e as *posses* que freqüentam a Rádio 10 organizam ações de rua que visam à conscientização dos "manos" nos bairros periféricos.

A despeito dos eventos pontuais realizados pelo movimento hip hop nas escolas públicas, a relação nem sempre foi tranqüila. Se alguns professores perceberam a importância de incorporar as concepções e produções artísticas juvenis como significativas no processo pedagógico, resistências e questionamentos foram também apresentados. Os estereótipos criados sobre os jovens da periferia e as concepções sobre a escola como instância disciplinar foram explicitados em diferentes momentos em que os professores comentaram os resultados da pesquisa.

A resistência dos educadores em relação ao *rap* parte da concepção de que os jovens da periferia são portadores de uma linguagem pobre e agressiva, marcada por palavrões, distanciada da norma culta vigente na escola. Os conhecimentos recentes produzidos pela lingüística sobre o sentido referencial da linguagem (Orlandi, 1996) não

são argumentos normalmente aceitos. A relativização do "outro", central para compreendê-lo nos seus próprios termos, encontra limites na reificação da linguagem formal. A linguagem que deveria apresentar-se como mediadora das diferenças revela-se, aqui, um obstáculo por vezes intransponível.

Os pesquisadores norte-americanos que trabalham com a etnografia da linguagem perceberam que muitas das dificuldades enfrentadas pelos afro-americanos no ambiente escolar diziam respeito ao fato de a linguagem das ruas, o inglês com inflexões próprias, não ser aceito no espaço escolar (Abrahams, 1974) Os lingüistas sabem que o objetivo último da comunicação é ser entendido. Os rappers utilizam expressões e termos que possuem um sentido preciso na periferia, e não poderia ser diferente, pois este é seu universo de referência. É nesse espaço que a música e a poética precisam ser compreendidas.[17] Em função do atual momento vivido pela educação, cabe às autoridades educacionais entender as práticas discursivas e expressões artísticas dos jovens da periferia que hoje se encontram majoritariamente nas escolas públicas. Ou essa aproximação se processa e a relação dialógica se consolida, ou os muros escolares permanecerão como os principais divisores entre a escola e a rua.

Bibliografia

ABRAHAMS, ROGER D. "Black Talking on the Streets". In: BAUMAN, R. e SHERZER, J. (ed.) *Exploration in the Etnography of Speaking*. Cambridge, Conb. Univ. Press, 1974.

ABRAMO, HELENA W. *Cenas juvenis, punks e darks no espetáculo urbano*. São Paulo, Scritta/Anpocs, 1994.

BRAEKE, MICHEL. *Comparative Youth Culture*. Londres, Routledge e Keagan Paul, 1985.

---

17. Para uma compreensão desse aspecto no contexto paulistano ver o item "A Arte Poética" in: Silva (1998).

CARDOSO, R. e SAMPAIO, H. (org.) *Bibliografia Sobre a Juventude*. São Paulo, EDUSP, 1996.

COHEN, SARA. "Ethnography and Popular Music Studies". In: *Popular Music*, 12/2, pp. 123-39. Cambridge University Press, 1993.

DIÓGENES, GLÓRIA. *Cartografias da cultura e da violência. Gangues, galeras e o movimento hip hop*. São Paulo, Annablume/Fortaleza — Secr. da Cultura e Desporto, 1998.

FERNANDES, FLORESTAN. *O negro no mundo dos brancos*. São Paulo, Difel, 1972.

HERSCHMANN, MICHAEL "Na Trilha do Brasil Contemporâneo". In: HERSCHMAN, M. (org.) *Abalando os anos 90. Funk e hip hop. Globalização, violência e estilo cultural*. Rio de Janeiro, Rocco, 1997.

KEYES, CHERYL L. "At the Crossroads: Rap Music and Its African Nexus". *Etnomusicology*, vol. 40 (2), 1996, 222-48.

ORLANDI, ENI P. "Discurso: Fato, Dado, Exterioridade". In: PEREIRA DE CASTRO, MARIA FAUSTA (org.) *O método e o dado no estudo da linguagem*. Campinas, Ed. Unicamp, 1996.

ROSE, TRICIA. *Black Noise. Rap Music and Black Culture in Contemporary America*. University Press of New England Hanover & London, 1994.

SCHWARCZ, LILIA. "A Questão Racial no Brasil". In: SCHWARCZ, L. e VIDO, LETÍCIA V. R. *Negras imagens*. São Paulo, EDUSP, 1996.

SHUSTERMAN, RICHARD. *Vivendo a arte. O pensamento pragmatista e a estética popular*. São Paulo, Editora 34, 1998.

SILVA, JOSÉ CARLOS GOMES DA. *Rap na cidade de São Paulo: Música etnicidade e experiência urbana*. (Tese de Doutorado). Campinas, UNICAMP, 1998.

SKIDMORE, THOMAS. *Preto no branco. Raça e nacionalidade no pensamento brasileiro*. Rio de Janeiro, Paz e Terra, 1976.

TOOP, DAVID. *Rap Attack (2). African Rap To Global Hip Hop*. Serpent's Tail, Londres, 1991.

VIANNA, HERMANO. *O mundo funk carioca*. Rio de Janeiro, Jorge Zahar ed., 1988.

WAISELFISZ, JÚLIO JACOBO. *Juventude, violência e cidadania: Os jovens de Brasília*. São Paulo, Cortez, 1998.

ZALUAR, "Gangues Galeras e Quadrilhas: Globalização, Juventude e Violência". In: VIANA, H. (org.) *Galeras cariocas. Territórios de conflitos e encontros culturais.* Rio de Janeiro, Ed. da UFRJ, 1997.

JOSÉ CARLOS GOMES DA SILVA, doutor em ciências sociais pela Unicamp, é professor de antropologia no Departamento de Ciências Sociais da Universidade Federal de Uberlândia.

Rap: Transpondo as Fronteiras da Periferia

Maria Eduarda Araujo Guimarães

Surgido no final dos anos 70, no bairro do Bronx em Nova York, o rap se constituiu como relato da vida dos jovens negros e de outros grupos discriminados, como os latinos, da periferia das grandes cidades norte-americanas. Sua forma discursiva, em que o cantor na verdade parece estar falando, remete à tradição africana de relatos orais, e não são poucos os estudiosos do rap que localizam na África a gênese desse estilo musical.

No Brasil, em especial em São Paulo, são também os bairros da periferia que vêem surgir a maior parte dos grupos de rap. Esse estilo musical chegou aqui não muito tempo depois de seu aparecimento nos Estados Unidos, trazido por Nelson Triunfo, o Nelsão, pernambucano radicado em São Paulo desde 1976, onde tomou contato com o *soul* e o *funk*, formando um grupo de dançarinos, o Funk e Cia. do Soul, passou para o break e levou o ritmo do hip hop para a Praça da Sé e Estação São Bento do Metrô. O programa de rádio mais antigo, o Rap Brasil, surgiu também no início dos anos 80, na Metropolitana FM, apresentado pelo Dr. Rap.

"Falar é barato", diz a música do grupo de rap norte-americano Stetsonic, da mesma forma que cantar também o é, pois não necessita de outro meio senão do próprio corpo. Essa é uma das razões por que a música pôde ser, desde o período em que se escravizaram os homens, uma das atividades culturais realizadas pela população negra, ao lado da dança, seu complemento.

As grandes festas populares, especialmente o Carnaval, foram importantes meios para a difusão dos sons negros no período anterior ao surgimento da indústria cultural. Essa difusão estabeleceu o sucesso do samba e, com o surgimento dos meios de difusão musical mais

populares, como o rádio e o disco, o samba já estava consolidado como a música nacional por excelência.

Da mesma forma, nos anos 70, o Carnaval foi o responsável pelo sucesso das músicas dos blocos afro da Bahia, que dialogavam com referências culturais negras de todos os pontos do mundo: da África, da América, do Caribe, adotando um visual e um discurso pan-africanista.[1] Quando a indústria cultural começa a divulgar esse gênero musical, também seu sucesso já se havia consolidado e difundido por meio dessa festa popular.

Assim foi desde o período da escravidão, quando nas fazendas eram formadas bandas compostas por músicos negros e, após a abolição, quando a população negra foi para os centros urbanos, especialmente para o Rio de Janeiro, fazendo surgir no Brasil a profissão de músico, tocando em cafés e teatros, de tal forma que falar em música popular é falar em música negra.

Quanto ao rap, o seu movimento da periferia para o centro, trajetória essa percorrida também pelo samba e pela música afro-baiana, tem uma característica ainda mais radical no seu sucesso junto às camadas exteriores ao seu grupo produtor. Por ser um discurso sobre a vida dos excluídos das periferias não há como não fazer referência à violência intrínseca a esta. Isso faz do rap um produto cultural aparentemente menos indicado ao sucesso junto à indústria cultural.

Em seu disco, *Sobrevivendo no inferno*, os Racionais MC's cantam que "Periferia é periferia em qualquer lugar". De fato, espacialmente separada por causa da diáspora que ocorreu com as populações negras que foram escravizadas, que se espalharam por vários continentes, essa população, mediante os avanços tecnológicos dos meios de comunicação, como a televisão e a Internet, pode ser reintegrada em seu discurso sobre as condições da vida no espaço urbano por ela

---

1. O pan-africanismo, projeto de líder negro Marcus Garvey, propunha "a África para os africanos, na própria pátria ou no exterior", ou seja, em qualquer ponto do mundo onde estivessem os negros, as suas causas e lutas seriam as mesmas.

Rap é educação

ocupado, a periferia, pela divulgação das músicas em que são relatadas essas condições.

Nova York, Los Angeles, Rio de Janeiro ou São Paulo, periferia é periferia em qualquer lugar e a ocupação desses espaços por jovens negros, excluídos da economia, da política e da educação, estão reunidos em um aspecto comum: a violência.

Assim como periferia é periferia em qualquer lugar, violência é violência em qualquer periferia. Não por outro motivo a violência é uma presença constante nas letras de rap. Ela é parte intrínseca do cotidiano vivenciado pelos jovens que moram em qualquer periferia e, sendo o relato da vida desses jovens, o rap incorpora essa violência em seu discurso.[2]

Entre os efeitos do desenvolvimento do capitalismo no final do século está o de criar uma legião de excluídos da economia, que serão sempre aqueles que tiveram as menores chances de educação, que não encontram trabalho qualificado, resultando disso o "aprisionamento" destes nas periferias dos grandes centros urbanos.

A realidade que é descrita nas letras de rap é uma realidade sem nenhuma idealização, sem nenhum retoque que a torne menos violenta, a descrição é "nua e crua", diferentemente do que aconteceu com o samba, nos anos 30, em que a descrição da pobreza dos morros era romantizada, em que este aparecia como um lugar de pobres, sim, mas de uma pobreza quase idílica, sem que a violência aparecesse como elemento dessa descrição. Da mesma forma como o samba foi a crônica dos subúrbios e morros cariocas dos anos 30-40, o rap é a crônica dos anos 80-90 das periferias dos grandes centros urbanos.

Tendo a sua produção voltada para a realidade da periferia, descrevendo seu cotidiano, falando para e por seus moradores, já que o rap aparece como o porta-voz dessa periferia, com um discurso em que a violência é presença constante, como o rap transpõe as frontei-

---

2. Somente em chacinas em São Paulo, quase todas ocorridas em bairros periféricos ou em cidades-dormitório, foram, até junho de 1998, 49, com um total de mortos de 172 pessoas. Em 1997 ocorreram 47 chacinas, com 162 mortes. *Folha de S. Paulo*, 1º/7/1998.

ras e passa a ser um sucesso da indústria cultural, com milhões de discos vendidos em todo o mundo, programas na televisão e presença nos salões das classes média e alta?

Segundo Pivete, rapper negro paulistano, "[...] o rap é o tráfico de informação da periferia para o centro".[3] Essa invasão, profetizada pelo rapper norte-americano Ice-T, na música *Home Invasion*, em que ele diz que os negros vão tomar os lares dos brancos pelo rap, só foi possível porque a indústria cultural, pelos discos, clipes e moda "rapper", potencializou e amplificou as vozes vindas da periferia.

Resistente a princípio, por um bom tempo a mídia citava o rap apenas para exaltar seu caráter violento, este acaba por se tornar um produto cultural atraente para uma indústria sempre em busca de novidades.

O caminho da difusão do rap não foi fácil e encontrou muitos obstáculos antes de poder se realizar e, muitas vezes, os caminhos trilhados são bastante alternativos, com a necessidade de criação de selos próprios pelos grupos, como aconteceu com os Racionais MC's e outros grupos, a divulgação das músicas nas rádios comunitárias, ou piratas,[4] que tocam a produção das comunidades, a produção de fanzines especializados em rap e um circuito alternativo de distribuição dos discos, por lojas especializadas em música negra, como as lojas das Grandes Galerias, no centro de São Paulo, tradicional ponto de encontro dos rappers paulistanos. O rap estabeleceu, dessa forma, um circuito paralelo ao da indústria cultural para efetivar o seu sucesso.

Isso se deu por causa dessa relação ser bastante tensa, de ambos os lados. A violência presente nessas letras e a sua origem, a periferia dos grandes centros urbanos, transformam esse estilo musical em uma "mercadoria" aparentemente pouco atraente para a indústria cultural.

---

3. "Voz do Subúrbio", *IstoÉ*, 25/5/94, p. 47.

4. Segundo o Fórum Democracia na Comunicação, associação que busca a regularização legal das rádios comunitárias, já há cerca de 6 mil dessas emissoras no país, 2 mil só na Grande São Paulo. Muitas delas contam com o apoio de membros do Movimento Hip Hop, ou até mesmo são organizadas por eles, como ocorre na Vila Santa Catarina, com o grupo Comando DMC. Spensy Pimentel, *O Livro Vermelho do Rap*, Trabalho de Conclusão de curso, ECA/USP, 1997, p. 48.

Rap é educação

Do lado dos rappers, por sua vez, os meios de comunicação são considerados como aliados do "sistema" que eles combatem. A imprensa, por exemplo, por um bom tempo associou o rap apenas à violência, tratando os grupos musicais como gangues e como seus disseminadores.

Após o fenômeno rap já estar consolidado, com um público de milhares de jovens presentes em seus shows nos salões de bailes e casas noturnas da periferia, com os discos gravados em pequenas gravadoras e com a distribuição restrita às lojas das Grandes Galerias da rua 24 de Maio, começa a haver uma mudança no tom e sua característica de crônica da vida da população negra das periferias dos grandes centros urbanos começa a ser percebida. Nesse momento, já na metade dos anos 90, com o fenômeno da vendagem de milhares de discos, a impressa passa a dar outro enfoque ao rap e seus produtores. Passam a exaltar esse tipo de músico, destacando a sua atuação como "sociólogo sem diploma".[5]

As rádios também passam por um processo semelhante de resistência até começarem a divulgar os grupos de rap. A televisão é a última a se "render". Em São Paulo, apenas um único programa exclusivo de rap é realizado na MTV. Entretanto, já é possível ver uma matéria no *Fantástico*[6] sobre o rap feito na Casa de Detenção do Carandiru, mostrando os vários grupos que existem lá, e, em especial, os "Detentos do Rap", numa tentativa de incorporar o fenômeno do rap, ainda que haja muita resistência a essa incorporação por parte de vários grupos.

Em razão disso, os grupos têm uma relação bastante ambígua com os veículos de comunicação e a indústria fonográfica, pois sabem que necessitam deles tanto para divulgar os seus trabalhos quanto para conhecer os trabalhos dos outros "manos". Alguns, como os Racionais MC's radicalizam e se recusam, até agora, a se apresentar nas duas maiores redes de televisão brasileiras, a Globo e o SBT.

---

5. "Racionais fazem 'sociologia' da periferia", *O Estado de S. Paulo*, 13/11/1997, p. D4.

6. Como ocorreu no domingo 27/9/1998.

Segundo KL Jay: "[...]sendo integrante dos Racionais, tendo uma visão dos problemas do meu povo, como posso falar para a Globo, que contribuiu com o regime militar, que faz programa sensacionalista? Ou para o SBT, que incentiva crianças de três, quatro anos a dançarem a dança da garrafa?"[7].

Assim, ainda que presente na cidade de São Paulo desde o início dos anos 80, o rap começou a chegar às classes média e alta apenas em meados da década de 90. Apesar de ter sido descoberto pelo "circuito *fashion*", ou seja, pelas casas noturnas dos bairros nobres da cidade e adotado como "moda" pelos jovens dessas classes, um pouco atrasado, a música rap torna-se um "bem cultural desejável", ou seja, passa a ter valor "de mercado", por fazer sucesso e formar um público consumidor desse estilo musical que vai além das fronteiras da periferia.

Essa transposição das fronteiras entre a periferia e o centro, tendo como mediação o rap, não ocorre de forma fácil para nenhum dos dois lados. Porém, o fato de tocarem em clubes de classe média e alta desse "circuito *fashion*" não garante a diminuição da discriminação sofrida pelo seu grupo produtor, os excluídos, já que quando o rap se diz um "som negro", ele amplia essa categoria para abarcar também todos os excluídos da periferia, em que negro passa a ser também sinônimo de excluído e não apenas uma identificação racial.

Por outro lado, para os rappers, o fato de tocarem nesse "circuito" significa apenas uma forma de ganharem dinheiro, sendo que os shows feitos nesses lugares muitas vezes custam mais caro do que aqueles que fazem na periferia. Segundo Mano Brown, dos Racionais, *"Os boyzinhos não gostam de mim, gostam da minha música, então, que paguem mais caro"*.[8]

Tocar em shows nos bairros nobres da cidade ou em festivais de música ao lado de músicos "comerciais" é, para os Racionais, apenas uma forma de ganhar dinheiro e, de algum modo, recuperar uma parte daquilo que foi espoliado dos negros pelos brancos. Para KL Jay, também dos Racionais,

---

7. *Folha de S. Paulo*, 23/12/1997.
8. "Dos Brancos eu só quero o dinheiro", *Revista Veja*, 8/6/1994.

Rap é educação

[...] na periferia a gente toca com prazer porque estamos ao lado do nosso povo. Eles entendem o que os Racionais falam nas letras. [...]. Para se apresentarem em festivais comerciais cobramos três vezes mais do que estamos acostumados para tocar nesse festival. Vamos lá, pegamos o dinheiro, tocamos e voltamos para a periferia. Os *playboys* têm de pagar mesmo. Eles devem muito para nós, pretos. Foram na África e escravizaram nosso povo que enriqueceu a Europa e a América. Estamos apenas cobrando, legalmente, esse dinheiro.[9]

As apresentações não são, dessa forma, apenas uma forma de ganhar dinheiro mas têm, também, um aspecto político e ético, em que se apresentar na periferia é mais do que fazer um show, é estabelecer um diálogo com os excluídos, ao mesmo tempo que tocar em outro "território" é tornar-se porta-voz dessa periferia e ganhar um dinheiro que possibilite continuar tocando na e para a periferia.

O discurso de alguns freqüentadores desses shows entretanto, aponta para outra direção, apostando na possibilidade de uma conscientização pelo rap, em que, segundo eles, "[...]os brancos estão vendo com outros olhos a juventude negra. A conscientização está atingindo a classe mais alta através do rap e isso se deve muito aos Racionais". Mas, o próprio Mano Brown acha que "[...]o povo dos Jardins só ouve Racionais porque o som é bom, mas ninguém pensa nas letras. [...] Não acredito na integração. Foram 400 anos de racismo e exploração. Não serão quatro anos de rap que irão mudar as coisas."[10]

Podemos ver que, como afirma Micael Herschmann,

[...] curiosamente, o funk e o hip hop, ao lado de outras importantes expressões culturais populares de massa, ocupam uma posição marginal e, ao mesmo tempo, central na cultura brasileira.

---

9. *Jornal da Tarde*, 4/8/1998, p. 8C.
10. "Voz do Subúrbio", op. cit. p. 47.

Os segmentos populares associados a esse tipo de manifestação cultural, embora freqüentemente excluídos e estigmatizados, estão também em sintonia com a lógica do capitalismo transnacional. É como se nessa articulação entre exclusão e integração lhe fosse demarcado um território a partir do qual adquirem visibilidade e representatividade. São expressões culturais razoavelmente bem-sucedidas e incorporadas na agenda do mercado, que permitem tanto a construção de uma visão crítica e/ou plural do país quanto a sua mediação e administração pelas estruturas que gerenciam os ritmos do espetáculo e do consumo.[11]

O rap transformou a periferia em referência para a cultura, assim como o samba já havia definido o morro como a idealização de um Brasil "mulato", símbolo da nossa suposta "democracia racial", nos anos 30, e mesmo tendo sido incorporado ao consumo das classes média e alta, ou seja, embora tenham transposto as barreiras "geográficas" da periferia para as salas de estar "do centro", pelos discos, pela MTV e rádios FM, apenas estão transferindo essa periferia para outro lugar, não deixando-a.

Para Richard Shusterman,

[...] apenas a mídia tecnológica permite uma ampla difusão, assim como a preservação, desses eventos acústicos e performances orais. Tanto pelo rádio como pela televisão, como pela indústria de discos, de fitas e de CDs, o rap tem sido capaz de atingir um público mais vasto do que o original do gueto, conquistando uma platéia real para sua música e sua mensagem, mesmo na América branca e na Europa.[12]

Parte do universo da cultura popular de um mundo globalizado, o rap não tem pretensão de ser um representante da identidade na-

---

11. "Na Trilha do Brasil Contemporâneo" in *Abalando os anos 90*, Rio de Janeiro, Rocco, 1997, p. 66.
12. Op. cit., p. 155.

Rap é educação

cional, como ocorreu com o samba, nem de ser um elemento de resgate da cultura de raízes africanas, como aconteceu com a música dos blocos afro da Bahia nos anos 70. Seu objeto é a denúncia das desigualdades e da discriminação, e seu universo refere-se a um "local" que está remetido diretamente ao "global". Periferia é periferia em qualquer lugar.

> O hip hop realmente trata de temas universais como a injustiça e a opressão, mas ele se situa orgulhosamente como uma "música de gueto", adotando como temática suas raízes e seu compromisso com o gueto negro urbano e sua cultura. O rap evita a sociedade branca exclusivista (ainda que existam rappers brancos, assim como um público branco) e focaliza as características da vida do gueto que os brancos e os negros de classe média prefeririam ignorar: prostituição, cafetinagem, droga, doenças venéreas, assassinatos de rua, perseguição opressiva de policiais brancos. A maioria dos rappers definem seu domínio com termos bem precisos, freqüentemente não apenas citando a cidade como também o bairro de sua origem, como Comptom, Harlem, Brooklin ou Bronx. Mesmo quando ganha uma dimensão internacional, o rap continua orgulhosamente local; encontramos no rap francês, por exemplo, a mesma precisão de origem de bairros e a mesma atenção voltada a problemas exclusivamente locais.[13]

É possível identificar sempre essa referência ao "local", ao espaço específico ocupado pelo grupo de rap, também nas letras dos "rappers" no Brasil, onde os bairros das periferias estão sempre presentes nas letras: Jardim Ângela, Capão Redondo, Jardim Santo Antônio (São Paulo), Ceilândia (Brasília), Alto José do Pinho (Recife), ou seja, a referência é sempre dada territorialmente e com o objetivo de ser o *rap* uma opção para os membros da comunidade. Tiger, do grupo Faces do Subúrbio, de Recife, afirma que "[...] a preocupação

---

13. Shusterman, Richard, op. cit., p. 153.

do grupo é continuar dando um exemplo para a comunidade do Alto José do Pinho — o da arte como opção à marginalidade".[14]

Seguindo o caminho da globalização, nos moldes do que aconteceu com o reggae, que se universalizou não só como música mas também como atitude de caráter até mesmo político, em que a defesa das liberdades individuais é central, o rap criou um estilo de ser e de se vestir que identifica seus adeptos imediatamente, em que o uso de agasalhos vestidos ao contrário, bonés, tênis de couro, bermudas largas, camisetas com frases ou com os rostos de líderes e músicos negros fazem com que o rapper seja logo identificado, em qualquer lugar do mundo.

Esse modelo passa a ser copiado mesmo por aqueles que não são negros, nem vivem na periferia, a ponto de virar uma "moda", e ser assimilado pelas classes médias brancas, que também passam a se expressar pelos elementos culturais do hip hop.

Assim, apropriado pela indústria cultural, também o rap se apropria desta para garantir o espaço para as suas denúncias, e propicia que outros grupos sociais, além dos próprios produtores, possam também fazer parte desse mundo rapper, ainda que, em alguns casos, apenas como uma estilização ou uma "moda".

Não é por acaso que nos Estados Unidos o rap é atualmente o gênero de música popular que mais cresce e o programa diário da MTV é o que apresenta maior audiência entre os vários programas que compõem a sua programação.

Para Richard Shusterman,

> [...] o rap ultrapassou claramente suas origens negras e urbanas. Na maior parte das grandes cidades americanas, que muitas vezes apresentam maioria negra, a popularidade do rap é inegável. Sua dominância crescente nas ruas pode ser notada sem dificuldade, ressoando alto nos rádios dos carros [...]. Sua popularidade em termos de shows e venda de discos (apesar da dificuldade criada

---

14. *Jornal do Brasil*, 19/5/98, Caderno B, p. 35.

pela censura) já é enorme, e continua a crescer numa proporção bem maior do que o reconhecimento cultural que lhe é dado.[15]

Um das questões que se impõem quando percebemos que o rap transpõe as fronteiras da periferia e "toma de assalto" os lares brancos/classe média, é saber por que uma parcela da população, preponderantemente jovem, se identifica com uma realidade tão distante daquela por ela vivenciada. O que tem em comum um jovem que mora em um condomínio dos bairros mais nobres da cidade, que freqüenta boas escolas, viaja, tem acesso aos bens de consumo tão desejados entre os jovens, como tênis e jaquetas de grifes famosas, com a mensagem do rap?

Ao se perguntar "por que milhões de fãs brancos de rappers negros adotaram um modo de falar e um estilo que eles consideram negro?", James Ledbetter, mostra que nos Estados Unidos esses jovens que adotam uma caracterização peculiar aos rappers negros, chamados de "wanna-be's", ou seja, aqueles que gostariam de ser, eles próprios, negros ou, melhor, gostariam que o universo cultural negro do rap fosse o seu universo cultural. Segundo esse autor, a riqueza e a liberdade da cultura negra, em contraste com a rigidez da cultura branca norte-americana, fazem com que esse universo cultural seja atraente para os jovens, que passam a adotar elementos desse universo como seus próprios.

Além disso, a idéia da exclusão presente no rap pode ser a chave para entender a razão de jovens não-negros e/ou não-periféricos assimilarem o discurso e a atitude do rap. Ser jovem, muitas vezes, é ser excluído.

Essa exclusão seria social, uma vez que o jovem ainda não tem autonomia para gerir sua própria vida, depende econômica e socialmente de sua família. Isso vai fazer com que ele considere "iguais" não aqueles que estão na mesma situação de classe, mas sim na mesma faixa etária. Para Helena Abramo,

---

15. Schusterman, Richard, op. cit., p. 179/80.

[...] por ocupar um status ambíguo [...], os jovens constroem redes de relações particulares com seus companheiros de idade e de instituição, marcadas por uma forte afetividade, nas quais, pela similaridade de condição, processam juntos a busca de definição dos novos referenciais de comportamento e de identidade exigidos por tais processos de mudança.[16]

Assimilar o mundo rap seria, então, uma forma de se distanciar desse estereótipo do "mauricinho" (ou do playboyzinho) presentes na letra dos raps e ser um "igual", ou seja, também um excluído.

Os jovens, ainda segundo Helena Abramo, "podem questionar seus valores e buscar novas referências, experimentar novas pautas de comportamento e novos estilos de vida inspirados em grupos diferentes daqueles aos quais pertencem".[17]

Essa idéia de "transgressão", inerente aos jovens, não passa despercebida aos rappers. Para X, rapper paulistano: "A gente tem que tomar cuidado com nossa agressividade. Nós falamos para muitos adolescentes. Adolescente é revoltado por natureza, ele vai gostar de qualquer coisa raivosa que a gente fizer, pois quer sempre ser do contra. Então, precisamos é ensiná-lo a canalizar essa energia para a direção certa...".[18]

No caso do Brasil, como já vimos, com relação à música popular, esta é inegavelmente uma referência negra, em que, desde o período colonial, música era assunto de negro. Assim sendo, aqueles que se envolvem com música popular estarão sempre em contato com uma parte da cultura negra, e também isso ajudaria a explicar essa assimilação do mundo dos jovens negros da periferia pelos jovens das classes média e alta, pois, sem dúvida, a música popular no Brasil é extremamente valorizada, sendo que 75% dos discos vendidos aqui são de música brasileira, de modo que o grupo negro e mestiço, produtor

---

16. Abramo, Helena. *Cenas Juvenis: punks e darks no espetáculo urbano*. São Paulo, Scritta/Anpocs, 1994, p. 17.

17. Idem, p. 19.

18. Cf. Pimentel, Spensy, op. cit. p. 64.

Rap é educação

dessa música, passa a ser detentor de um "bem cultural" extremamente valorizado na cultura brasileira.

As 500 mil cópias vendidas do último CD dos Racionais MC's significam mais do que a soma dos últimos discos dos Rolling Stones, U2 e Oasis vendidos no Brasil,[19] todos megagrupos que fizeram shows no Brasil entre 1997-98.

Quem compra esses discos? Os próprios Racionais reconhecem que o público da periferia não tem dinheiro para comprar som e CDs e, menos ainda, TV a cabo ou computador, que pudessem fazer com que a votação para melhor clipe do ano, segundo a escolha da audiência, em votação realizada pela MTV, fosse resultado da votação do seu público. Quem votou nos Racionais foi a "playboyzada".

Isso aparece claramente neste artigo publicado no jornal *Folha de S. Paulo*:

> O problema é que o "sistema" está engolindo os Racionais. Tá certo que hoje, mesmo depois de tocar no Close Up Planet,[20] eles vão estar na Rosas de Ouro tocando para a rapaziada, não falam com a Globo etc., dizem a real da periferia e são bons nisso (um verso tirado a esmo entre tantos outros: "tem mano que te aponta uma pistola / E fala sério / Explode a tua cara / Por um toca-fita velho"). Mas isso já não adianta. A música deles é para preto, mas boa parte desses 500 mil malucos que compraram o disco é formada por "branquinhos de shopping", "putas de butique", para usar algumas frases deles. Pior, tem até intelectual começando a querer saber qual é que é desses feinhos. É por essa razão que, contrariando mesmo o que diz Brown em "Capítulo 4, versículo 3", [...], a profecia não se fez como previsto, a fúria negra não ressuscita outra vez. Uma fúria informe, branca, endi-

---

19. *Jornal da Tarde*, 4/8/98, p. 8C.

20. Festival de rock que aconteceria em agosto de 1998 em São Paulo, onde os Racionais iriam abrir o show para a banda inglesa Prodigy e a cantora islandesa Björk, e acabou sendo cancelado por questões de segurança, já que a estrutura do palco não agüentou os equipamentos de som e luz.

Rap e educação

nheirada, encampou os Racionais, não importa se eles gostam disso ou não. [...].[21]

A questão que se coloca é: será que essa assimilação vai resultar em uma diminuição da discriminação? A resposta ainda não pode ser dada definitivamente. No caso brasileiro, a experiência do samba, que foi incorporado pelo projeto político de Getúlio Vargas nos anos 30 como um elemento formador da identidade e da cultura nacional, resultou na assimilação de elementos da chamada cultura negra mas não no fim da discriminação de seu grupo produtor. Com relação à música dos blocos afro, o efeito da reafirmação da auto-estima e do orgulho da raça foi o sucesso de muitos músicos e grupos, como o Ilê Aiyê, Olodum e Timbalada. Em diferentes momentos e com diferentes projetos, eles foram responsáveis por uma "reafricanização" do carnaval baiano, com a incorporação de ritmos, danças, vestuários, enfim, todo um conjunto de elementos culturais de raízes africanas. Absorvidos pela indústria cultural, potencializados pela difusão do Carnaval, foram responsáveis pela reconstrução de uma identidade negra, resultando num maior respeito por essa referência cultural.

Com o rap, ainda é cedo para se saber se Mano Brown está certo ao dizer que "quatro anos de rap não vão mudar as coisas" ou se, aqueles que consideram o rap um fenômeno social urbano comparável ao Movimento Sem-Terra, estão certos e o rap vai fazer a revolução por eles proposta, de mudar a periferia e seus habitantes, conquistando respeito aos seus direitos. O objetivo, segundo Thaíde,

> [...] não é tomar o poder, ter um presidente da periferia, mas fazer com que o pobre saiba votar bem, consciente, exigindo seus direitos, para que um dia tenhamos ruas com nomes de heróis negros, escola para todos. Nós só queremos também poder fazer parte da festa, da sociedade, a gente não quer ser penetra, marginal.[22]

---

21. *Folha de S. Paulo*, 22/8/98, p. 4-9.
22. Cf. Pimentel. Spensy, op. cit., p. 63.

Bibliografia

ABRAMO, HELENA W. *Cenas juvenis: Punks e darks no espetáculo urbano.* São Paulo, Scritta/Anpocs, 1994.

BAKER JR., HOUSTON. *Black Studies: Rap and Academy.* Chicago, University of Chicago Press, 1993.

DJ TR (Associação Hip Hop Atitude Consciente). *Hip Hop, a História.* Mimeo, s.d.

FEATHERSTONE, MIKE (org.) *Cultura global: Nacionalismo, globalização e modernidade.* Petrópolis, Vozes, 1995.

HERSCHMAN, MICAEL (org.) *Abalando os 90.* Rio de Janeiro, Rocco, 1997.

IANNI, OCTAVIO. *A sociedade global.* Rio de Janeiro, Civilização Brasileira, 1992.

LEDBETTER, JAMES. "Imitation of Life". In: *Gender, Race and Class in Mídia*, California, Sage Publications, 1995.

MOURA MILTON. "A música como eixo de integração diferencial no carnaval de Salvador". Texto apresentado na XX Reunião da Associação Brasileira de Antropologia, Salvador, 1996.

ORTIZ, RENATO. *Mundialização da cultura.* São Paulo, Brasiliense, 1994.

PIMENTEL, SPENSY. *O livro vermelho do rap.* TCC, ECA/USP, 1997.

ROSE, TRICIA. *Black Noise: Rap and Black Culture in Contemporary America.* Hanover&London, Weslyan University Press, 1994.

SANSONE, LÍVIO. "O local e o global na afro-Bahia contemporânea". *Revista Brasileira de Ciências Sociais*, nº 29, outubro, 1995.

SHAW, ARNOLD. *Black Popular Music in America.* Nova York, Schimer Books, 1994.

SHUSTERMAN, RICHARD. *Vivendo a arte: a estética pragmatista e a estética popular*, São Paulo, Ed. 34, 1998.

SMALL, MICHAEL. *Break it Down: the inside history from the new leader of rap.* Nova York, Citadel Press, 1992.

VIANNA, HERMANO. *O mundo funk carioca.* Rio de Janeiro, Jorge Zahar Editor, 1988.

_____. *O mistério do samba*, Rio de Janeiro, Jorge Zahar Editor, 1995.

MARIA EDUARDA ARAÚJO GUIMARÃES, formada em direito e ciências sociais pela PUC-SP. É mestre em ciências sociais pela PUC-SP e doutora em ciências sociais pela Universidade Estadual de Campinas (Unicamp), onde defendeu a tese "Do samba ao rap: a música negra no Brasil".

Rap, Memória e Identidade

Marco Aurélio Paz Tella

Este texto faz parte dos estudos, até a presente data, elaborados para o desenvolvimento da dissertação de mestrado, na qual analiso alguns grupos de rap da cidade de São Paulo.

O rap, nascido em meio à decadência urbana de Nova York, surgiu como um espaço de diversão, que transformou os produtos tecnológicos e o contexto étnico, social e econômico dos Estados Unidos em formas de diversão, denúncia e protesto. Pode-se falar que essa característica do rap em ser contestatório faz parte do perfil de resistência da música negra norte-americana, que, desde as *work songs* e os *spirituals*, tentam preservar e manifestar sua cultura.

No entanto, esse caráter de resistência cultural da música produzida pela população negra[1] não foi exclusividade dos EUA. Podemos encontrar essas mesmas características na música dos países caribenhos, como também no Brasil, onde os batuques, os tambores, os choros, o samba são exemplos. No entanto, em decorrência da indústria cultural, a música negra produzida nos EUA, principalmente a partir do final da década de 1960, não demorou a causar reações no Brasil. Esse fato foi importante para que, naquele momento, camadas da juventude negra de cidades como Rio de Janeiro e São Paulo se identificassem com elementos internacionais da cultura negra norte-americana, tendo como motivador central os ritmos musicais *soul* e *funk*.

---

1. Refiro-me à população africana e seus descendentes, que vieram trabalhar como escravos desde os campos dos EUA até a Argentina.

Dentre os vários livros que pesquisei sobre a história da música negra norte-americana,[2] chamou-me a atenção uma característica que perpassa quase todos os pesquisadores desse tema: a paixão ou a adesão da população negra a essa música, principalmente ao *jazz* neste século, não ocorria apenas porque as pessoas gostavam do som, mas por ser uma conquista cultural de uma minoria na ortodoxia cultural e social da sociedade branca norte-americana. O *jazz* torna-se veículo para todos os tipos de manifestações, mais do que qualquer outra forma musical:

> Pois o jazz deve ao menos isso a suas origens e ligações com os negros, o fato de não ser apenas música de pessoas comuns, mas música de pessoas comuns em seu nível mais concentrado e emocionalmente mais poderoso. Pois o fato de os negros serem e terem sempre sido pessoas oprimidas, mesmo entre os pobres e destituídos de poder, tornou seus gritos de protestos mais comoventes e esmagadores, seus gritos de esperança mais poderosos do que os de outros povos, e fez com que encontrassem, mesmo em palavras, a mais irrespondível das expressões.[3]

Está presente na música negra norte-americana esse perfil, que permanece nos desdobramentos rítmicos do *jazz* nas décadas de 1960 e 70. No entanto, nesse período, apesar de toda a história do *jazz* expressar o conflito racial existente nos EUA, e ele ser encarado como música de protesto, na qual foram preservados elementos da musica-

---

2. Em minha pesquisa faço um pequeno histórico da música negra norte-americana, para contextualizar historicamente qual o momento sociocultural em que o rap nasce, já que as suas origens estão ligadas ao cenário dos bairros periféricos de Nova York e à música negra norte-americana. Portanto, realizo um resgate histórico para demonstrar em que momento o rap surge na música negra dos EUA, como também mostrar em que momento determinados ritmos musicais, como o *soul* e *funk*, influenciam setores da população negra, principalmente da cidade de São Paulo.

3. Eric Hobsbawm, *História social do jazz*, p. 281.

lidade afro, alguns pesquisadores afirmavam que essa música estava cada vez mais distante de suas raízes musicais. A valorização ou o "retorno às raízes" aconteceu somente com algumas variações do *jazz* e a incorporação da tecnologia. O *soul* e o *funk* foram os responsáveis por essa guinada. Esses dois estilos musicais, além de resgatarem o *gospel* e o *blues*, reforçaram as expressões negras norte-americana, dando ingredientes ao movimento *black power*.

Segundo Hermano Vianna,[4] durante os anos 60, os músicos que produziam o *soul* e o *funk* foram muito importantes para o movimento de direitos civis e para a conscientização da população negra norte-americana. Porém, em 1968, o *soul* já se havia transformado em um termo vago, sinônimo de *black music*, perdendo seu caráter contestador dos primeiros anos dessa década, virando mais um rótulo comercial. Foi nessa época que a palavra *funk* deixou de ter um sentido pejorativo e passou a ser um símbolo de orgulho negro. O *funk* radicalizava suas propostas e empregava ritmos mais pesados e arranjos mais agressivos, na tentativa de extrair toda a influência branca, refletindo na não aceitação destes como parceiros musicais. Esse era uma novo momento, uma afirmação da música e do músico negro na sociedade norte-americana.

Novo Momento da Black Music

Com o grande sucesso desses dois novos gêneros musicais — o *soul* e o *funk* — outros países começaram a ter, por meio da indústria cultural, acesso a ícones afro-americanos e caribenhos. A internacionalização desses símbolos chegou com muita força a São Paulo.[5]

---

4. Hermano Vianna, *O mundo funk carioca*.

5. A cultura *black* e a *black music* consolidaram-se em outras duas grandes cidades brasileiras, Rio de Janeiro e Salvador. Mais informações ver Hermano Viana em *O mundo funk carioca*, e Livio Sansone em "Funk baiano: uma versão local de um fenômeno global?", in *Abalando os anos 90: funk e hip-hop*, org. Micael Herschmann.

O *soul*, o *funk* e o movimento *black power* são importantes no Brasil, uma vez que o povo negro norte-americano desencadeou um processo no qual a diversão nos bailes *blacks* dos anos 70 só se completava se fosse transformada em espaço de conscientização. Esse foi o período dos cabelos afros e *black power*, dos sapatos conhecidos como pisantes (solas altas e multicoloridos), das calças de boca fina, das danças de James Brown, tudo mais ou menos ligado às expressões: *Black is Beautiful* ou *O Negro é Lindo*. Segundo Hermano Viana, "[...] os bailes mesclam internacionalismo com raízes, moda e consciência".

Porém, a radicalização da afirmação da negritude, o protesto contra a discriminação étnico-social da população negra, principalmente na periferia das grandes cidades, ocorre apenas com o rap, novo gênero musical, descendente direto ao *funk*. Em meados da década de 80, emerge em São Paulo uma nova prática cultural produzida por um segmento da juventude negra que habita os bairros da periferia da cidade, a partir da produção de representações, símbolos e modelos gerados pela música *funk* e pelo rap. Este se torna um terreno fértil e propício para o desenvolvimento de novas relações entre pessoas, grupos ou coletividade, que tem como motivador símbolos e referências culturais internacionalizadas. A ampliação da consciência social e étnica passa a servir como mobilizador de novos comportamentos, nos quais o objetivo é provocar uma reação crítica nos jovens, questionando elementos que estão presentes no imaginário social.

O rap torna-se um canal de produção de novos elementos e símbolos culturais da população negra, os quais, muitas vezes, são conflitantes com os elementos aceitos pela sociedade branca, constituindo-se num instrumento de contestação e questionamento da realidade social. Essas novas incorporações podem ser compreendidas de duas maneiras: primeiramente, podem ser colocadas como principal fator para a manutenção, preservação de valores, estigmas e preconceitos, ou seja, pela estabilidade de um determinado *status quo*; ou, podem ser o ponto de partida para gerar inquietações que podem surgir no interior da sociedade, questionando o imaginário idealizado e produzindo um imaginário conflitante.

De maneira geral, a arte é um importante veículo para a formação de grupos, integrando socialmente seus membros como um espaço de lazer ou mobilizador social. Essas duas características podem ser detectadas nas artes do hip hop, movimento que possui um papel central no cotidiano de parcela da juventude negra que habita a periferia da cidade de São Paulo, funcionando como meio de integração dos jovens em torno do ritmo e dos temas que o rap aborda. Desde os bailes *blacks* realizados na década de 1970, época em que o *soul* e o *funk* ainda predominavam, passando pelas rodas de *breaks* da Estação São Bento, pelos *shows* de rap, pelas oficinas de grafite e dança, essa parcela da juventude da periferia encontra nesses locais espaços de entretenimento, interação e socialização.

Atualmente há um consenso entre as pessoas envolvidas com a expressão hip hop, de que não há mais três, mas, sim, quatro manifestações artísticas que compõem esse movimento: os MC's (mestres-de-cerimônia), os DJ's (disc-joqueys), a dança, que se manifesta pelo *break*, e a pintura, expressa pelo grafite.

Essa cultura inclui atividades organizadas por grupos de rap, *breakers* ou grafiteiros que sempre tiveram como objetivo resgatar a auto-estima, principalmente do jovem negro, bem como tentar construir identidades coletivas, mediante o discurso e a postura dos integrantes do movimento hip hop. Nas letras dos raps a construção de uma identidade positiva e a reflexão sobre os problemas do cotidiano dão a tônica das músicas. Por outro lado, há jovens que não estão envolvidos com a produção artística do hip hop, mas consomem discos ou CDs e/ou acompanham seus grupos prediletos em *shows* realizados em espaços públicos, como escolas ou praças, em pequenos salões dos bairros periféricos de São Paulo. Creio que o rap possibilita, para quem reside na periferia da cidade de São Paulo, tornar o simples momento de escutar o rap em um disco ou *show* um gesto de discordância social.

Dentre as artes do movimento hip hop, o rap ganha destaque em virtude do fato de ser um veículo no qual o discurso possui o papel central, e por intermédio dele o rapper transmite suas lamentações, inquietações, angústias, medos, revoltas, ou seja, as experiências vivi-

Rap e educação

das pelos jovens negros nos bairros periféricos de São Paulo. A periferia torna-se o principal cenário para toda a produção do discurso do rap. Todas as dificuldades enfrentadas por esses jovens são colocadas no rap, encaradas de forma crítica, denunciando a violência — policial ou não —, o tráfico de drogas, a deficiência dos serviços públicos, a falta de espaços para a prática de esportes ou de lazer e o desemprego.

Em meio a esse conjunto de denúncia e protesto, ganha destaque o tema do preconceito social e, principalmente, o racial. Tratam dos estigmas construídos pelo imaginário social, no qual as vítimas em potencial são os jovens negros que moram na periferia de São Paulo. E, pelo fato de os membros dos grupos serem em grande maioria afrodescendentes, o enfoque étnico-social ocupa um espaço central no discurso produzido.

Ao primeiro momento de denúncia e revolta, segue-se um posterior reforço positivo da auto-estima e afirmação da negritude com resgates culturais importantes. Outro fator a ser ressaltado nesse tópico é a origem social de quem produz o rap.

Desde o final dos anos 80, o rap passa a retratar temas que o remetem ao passado da população negra, desde a escravidão até os problemas enfrentados atualmente; mostra a importância da religião afro; resgata datas históricas, heróis, movimentos de direitos civis, artistas e personalidades, como Martin Luther King Jr., o movimento Black Power, Malcom X, Nelson Mandela, Black Panthers, Steve Biko, a atriz brasileira Zezé Mota, o reconhecimento do herói afro-brasileiro Zumbi e da líder contemporânea Benedita da Silva. A influência rítmica e de conteúdo dos raps norte-americanos era notável. Os líderes e movimentos civis norte-americanos apareciam com poucas ligações feitas com o contexto brasileiro, o que logo foi superado com a produção de novos raps, já voltados então, ao conteúdo afro-brasileiro.[6]

---

6. Segundo entrevistas que realizei com alguns rappers, eles relatavam que o interesse pela história da cultura, dos líderes e do povo negro brasileiro surgiu a partir do contato com o rap. Um dos entrevistados relatou-me que sentia vergonha de não falar da história do povo afro-brasileiro, em decorrência do desconhecimento que tinha da história. O rap mobilizou-o para a pesquisa.

Rap é educação

A resistência, o protesto, a manifestação, a preservação das manifestações musicais da população negra em todo o continente americano estão presentes na música negra norte-americana, no *reggae* da Jamaica e, principalmente, no samba no começo do século. A partir da diáspora, a população negra espalhada pelo continente produz ritmos que representam lamentações, lutas, reivindicações, amarguras. É importante levantar essa questão para a pesquisa do rap, porque "a experiência rítmica foi capaz de superar as barreiras lingüísticas, a repressão política e religiosa, fundamentalmente porque a música passou a atuar como elemento de identificação, seja nas instituições tradicionais, seja nos territórios negros segregados".[7] Toda a história da música negra é marcada por situações conflituosas com a "boa música" da sociedade branca. A música transformou-se em uma forma de resistência e preservação da memória cultural negra.

O rap transforma-se num veículo de construção de identidades, trazendo a formação da consciência da violência praticada contra a população negra em toda a história do Brasil — consciência da discriminação racial e social. O rap tem a função de estimular o rompimento com os padrões — embranquecimento, conformismo, cordialidade — que habitam o imaginário de nossa sociedade.

De acordo com Cornélius Castoriadis, não podemos pensar a sociedade sem a produção ou a criação de um imaginário social. O papel que as referências imaginárias desempenham é proporcionar respostas que nem a realidade nem a racionalidade são capazes de responder como: "definir qual sua identidade, sua relação, o mundo, suas relações com o eu e suas necessidades e seus desejos, quais os fatores que proporcionam a unidade, a identidade e a coesão da sociedade ou de segmentos da sociedade."[8] E somente nessa malha de significações, cada vez mais instituídas na sociedade, é que se constitui um espaço "onde as instituições de dominação são permanentemente legitimadas ou criticadas".[9]

---

7. José Carlos Gomes Silva, *Rap na cidade de São Paulo*, p. 182.
8. Ibidem, p. 54.
9. Eduardo Colombo, "Versiones", p. 67.

Rap e educação

O papel importantíssimo que o rap retoma e é muito discutido pelo movimento negro parece se delimitar às diferenças e às referências socioculturais dessa população. "A dificuldade que se coloca para a população negra reside no pensar a própria diferença e se pensar diferente, já que os sinais que delimitam essas diferenças foram diluídos no confronto com a sociedade nacional, bloqueando ou eliminando as bases de sustentação individual e coletiva da identidade".[10]

Quando o rap se propõe a reforçar a auto-estima do jovem negro, estão explícitas em seu discurso reelaborações de elementos e do estigma das culturas negras:

> O sistema é racista, cruel mas não
> justifica o fracasso o presente traz:
> Benedita da Silva, Racionais, Iris Brandão,
> Ilê Aiye e outros mais (não)
> Não somos fracos, somos fortes nos
> enganamos, inteligência armazenada nos
> acomodamos com o muito pouco que temos
> todo valor que perdemos a 400 anos ser
> o que querem que somos... basta!!![11]

A lembrança é uma imagem construída pelos materiais que estão à disposição, no conjunto de representações que povoam nossa consciência atual, nosso imaginário. As lembranças sociais do passado podem modificar-se, estão sujeitas a reinterpretações à medida que o momento presente e as condições sociais do grupo mudam por meio dos seus sentimentos, das inquietações ou conformismos que permeiam o nosso imaginário. Por isso que Halbwachs afirma que o ato de lembrar vem à tona com intensidade, selecionado, avaliado, aceito, criticado e preenchido de novos significados do presente. Portanto, a origem social e as experiências cotidianas desses jovens negros, são o alicerce para toda a interpretação que eles terão sobre o passado da população negra. O discurso do rap que está impregnado de novas

---

10. Carlos R. da Silva, *Da terra das primaveras à ilha do amor*, p. 111.
11. Trecho da música "Já não me espanto mais", de autoria de Under e *DMN*.

Rap é educação

identificações com o passado é, muitas vezes, visto com preconceito por setores dominantes de nossa sociedade.

O papel do rapper, além do entretenimento, é fazer um discurso com uma linguagem acessível para informar e tentar ampliar a consciência de uma parcela da juventude negra. Os rappers têm como tarefa transmitir suas mensagens para um público mais amplo. Querem constituir-se numa alternativa de informação e conhecimento, colocando a grande mídia como adversária do seu trabalho. Querem, enfim, ser formadores de opiniões.

Bibliografia

CASTORIADIS, CORNÉLIUS. "La institución imaginaria de la sociedad". In: COLOMBO, EDUARDO (org.) *El imaginario social*, Buenos Aires e Montevidéu, 1989.

COLOMBO, EDUARDO. "Versiones", In: COLOMBO, EDUARDO (org.) *El imaginario social*, Buenos Aires e Montevidéu, 1989.

HOBSBAWM, ERIC J. *História social do jazz*. Rio de Janeiro, Paz e Terra, 1990.

HALBWACHS, MAURICE. *Memória coletiva*. São Paulo, Vértice, 1990.

SILVA, CARLOS BENEDITO RODRIGUES DA. *Da terra das primaveras à ilha do amor: reggae, lazer e identidade cultural*. São Luís, Edufma, 1995.

SILVA, JOSÉ CARLOS GOMES DA. *Rap na cidade de São Paulo: música, etnicidade e experiência urbana*. Campinas, Departamento de Ciências Sociais do Instituto de Filosofia e Ciências Humanas/Unicamp, 1998 (tese de doutorado).

VIANNA, HERMANO. *O mundo funk carioca*, Rio de Janeiro, Jorge Zahar, 1988.

MARCO AURÉLIO PAZ TELLA, mestrando em antropologia na PUC-SP, bolsista da Fapesp. Integrante do Grupo de Estudos do Cotidiano e de Cultura Urbana.

Os Sons Que Vêm das Ruas

A música como sociabilidade e lazer da juventude negra urbana[1]

Amailton Magno Grillu Azevedo
Salloma Salomão Jovino da Silva

... saudações a todos os manos.
Ocupem seus lugares e estejam
à vontade pra presenciar a manifestação
maior da cultura de rua...[2]

R.Z.O. "Um poder a mais"

Em meio à diversidade de modos de viver, que se constituíram na cidade de São Paulo, do final do século XIX em diante, encontram-se aqueles desenvolvidos pelas populações negras.

Aparentemente a rotina da urbanização dominou o cotidiano paulistano, o que pode ser observado entre as memórias da cidade. Em meio às imagens do passado da metrópole, há uma redundância nas retóricas do desenvolvimento tecno-industrial, da "cidade/locomotiva" do país.

Nessas construções imagéticas, preza-se em demasia os projetos arquitetônicos e urbanísticos, que aos poucos se tornaram sinônimos de progresso e modernidade. Neles os seres humanos, quando figuram, são como apêndice ou mero acaso, muitas vezes indesejáveis.

Tais símbolos que perpassam, até mesmo a fala dos habitantes mais excluídos, concretizam-se nos discursos, nos monumentos e nas grandiosas obras públicas. Estes, acima de tudo, gozam de uma legitimidade que vem das memórias selecionadas prioritariamente nos escaninhos dos órgãos oficiais.

---

1. O presente artigo baseia-se no livro/demo. *Um mundo preto paulistano* de nossa autoria, não-publicado, FBN nº 173.372, Itapecerica da Serra, Editora Aruanda Mundi, 1999.

2. R.Z.O. — CD *Todos são manos*, selo Cosa Nostra, São Paulo, 1999.

Por tais razões, mesmo os mais avisados especialistas e estudiosos da cidade surpreendem-se quando identificam territórios que antes eram apenas cogitados como espaços privilegiados da gente branca, burguesamente vitoriosa, descendentes tanto dos bandeirantes, "pioneiros" de primeira hora, como dos "colonos tardios" chegados no final do século XIX.

São as marcas personificadas dos fazendeiros nos palacetes insulados pelos prédios estilo *arranha-céu* da avenida Paulista, bem como os sinais deixados pelos imigrantes que ascenderam socialmente.

Por intermédio das imagens positivas do passado, no presente varre-se para debaixo do tapete da História as terríveis lembranças como a das enchentes da "Vila da Merda".[3] Reitera-se, em contrapartida, como estes, entre os quais os italianos, aparecem com maior proeminência, vencendo as dificuldades e preconceitos escreveram de alguma maneira na cidade seus registros.

No entanto, quando se afina o olhar, mesmo no relativo silêncio da escrita acadêmica, pode-se flagrar os indícios dos passos e ecos das vozes quase inaudíveis de outras gentes. E entre estas estão as do povo negro. Chegando mais perto, pode-se perceber mesmo que tal presença é ruidosa.

Como se não bastasse a tentativa de construção de um discurso sobre o passado, pretensamente homogêneo, São Paulo, não a cidade, mas quem nela vive, ainda tem de conviver com sua suposta inaptidão musical, posto que a cidade carrega o título de *Túmulo do Samba*.[4]

Tradições, culturas inventadas e resignificadas, assim como práticas sociais e políticas geradas nesse mundo urbano pelos descendentes de africanos, recentemente têm encontrado visibilidade e reverberação em trabalhos que vislumbram outros sujeitos citadinos. Aos pou-

---

3. Bairro predominantemente de imigrantes que, nas primeiras décadas, sofria com as constantes enchentes da cidade.

4. O termo Túmulo do Samba é atribuído a Vinícius de Moraes; não há registro que comprove, mas foi reiterado na música *Sampa* de Caetano Veloso.

cos, vai se revelando, então, uma multiplicidade de memórias que também compõe o mosaico de *histórias* da capital paulista.

O livro *Nem tudo era italiano*[5] de Carlos José Ferreira dos Santos, identificou outros personagens, além dos já legitimados pela historiografia ou pelos cânones oficiais, que ao seu modo participaram na construção da cidade, entre os quais figuram os operários pretos, cuja importância histórica tem sido tão drástica e constantemente obscurecida na literatura que lida com os movimentos operários.

Em *Sonoridades paulistanas*, José Geraldo Vinci de Moraes,[6] embora não tenha esta como a intenção central de seu trabalho, também nos possibilita notar as vocações musicais dos paulistanos negros e pobres, viventes da cidade, na virada do século.

Trata-se de sonoridades herdadas das populações negro-mestiças livres e escravizadas. São sobrevivências de práticas musicais africanas que propiciaram a emergência, nos anos posteriores, de estilos de música e dança urbanas, formas de integração social e étnica que têm na música um dos seus fios de ligação.

Essas culturas musicais oferecem um contraste com o desejo expresso dos governantes paulistas de desafricanizar o estado. São Paulo foi a unidade da federação que mais levou a fundo as políticas de imigração subsidiada. Sabe-se, hoje, que mais da metade dos imigrantes europeus que entraram no país entre 1888 e 1928 teve esse estado como destino.[7]

Quem vive mergulhado numa cultura metropolitana por vezes habitua-se, em nome da modernidade, às temporalidades aceleradas e à corrente fragmentação de tudo. Preservação e destruição de memórias tornam-se faces da mesma moeda, e os pretos paulistanos livres ou escravizados e seus descendentes, mestres na capacidade de impro-

---

5. Carlos José Ferreira Santos, *Nem tudo era italiano*: São Paulo e pobreza (1890-1915), São Paulo, Annablume-Fapesp, 1998.

6. José Geraldo Vinci de Moraes, *Sonoridades paulistanas*: a música popular na cidade de São Paulo — final do século XIX ao início do século XX. Rio de Janeiro, Funarte, 1995.

7. George Reid Andrews, *Negros e brancos em São Paulo*, trad. Magda Lopes (1888-1988), Bauru, EDUSC, 1998.

visar, de sobreviver em territórios e condições adversas, souberam também burlar o silêncio e o esquecimento.

Muitas designações têm sido usadas para se referir aos descendentes de africanos. Tenta-se definir um termo único, capaz de sintetizar uma multiplicidade de culturas e povos oriundos de um imenso território.

Os *negros*, assim designados pelos antigos gregos, em referência ao nome de um imperador de tempos imemoriais da Etiópia, também foram chamados de *etíopes, pretos, crioulos, mouriscos*.

Num passado recente se definiam como *cidadãos ou homens de cor*, para serem novamente *negros* nas reivindicações dos grupos organizados contemporâneos; os que pertecem ao movimento hip hop, preferem se autodenominar *pretos*.

O lema mais usado entre eles tem origem na música do grupo DMN (Defensores do Movimento Negro), intitulada 4P, ou seja, *Poder Para o Povo Preto*; para eles tais termos não são excludentes, pois buscam a unidade e revelam nossos paradoxos.

Ainda assim, determinadas correntes do pensamento científico supõem serem as únicas capazes de ter uma fala definitiva, autorizada e competente a respeito, deixando escapar que os termos também têm sua historicidade.

Tanto antes, como depois de maio de 1888, a população negra em São Paulo tem utilizado muitos dos espaços ditos públicos, como ruas, praças e galerias, para criar e recriar musicalidades, e como as práticas musicais para os afro-descendentes fazem parte da própria vida, ela esteve presente nos momentos mais ordinários, bem como naqueles em que se projetaram movimentos, organizaram-se grupos, partidos, cooperativas, associações e irmandades.

Textos de memorialistas, viajantes e alguns artigos de jornal das décadas finais do século XIX, nos falam da "ruidosa e incômoda" presença da população negra nas áeras centrais da cidade, que se estendem atualmente da Praça da Liberdade até a Igreja da Boa Morte (Sede do Grupo Quilombo Central dos Agentes de Pastorais Negros), e daí até o Largo São Bento. Lugares onde se encontravam as igrejas das irmandades de São Benedito, Santo Elesbão e Da Boa Morte.

As de Nossa Senhora do Rosário e Santa Efigênia foram transferidas para a outra margem do Anhangabaú, após intensa luta jurídica. Todas elas possuíam cobiçados terrenos e cômodos de aluguel anexados aos prédios, nas áreas mais valorizadas da cidade.

As irmandades viviam em constante tensão com as autoridades políticas e eclesiásticas e moradores que reclamavam do barulho, das bebedeiras e das brigas, solicitando sempre a intervenção do poder público e a proibição sumária e imediata das práticas culturais e religiosas.

As festas eram realizadas no pátio das igrejas erguidas pelos próprios *malungos*, denominação dos agregados em torno dessas corporações etno-religiosas.

Se havia uma certa tolerância com os cultos de traço nitidamente católico, as práticas religiosas identificadas como fetichismo ou feitiçaria, a exemplo dos cultos da umbanda ou do candomblé, eram abertamente perseguidas ou viviam sob o olhar vigilante dos órgãos policiais.

Contudo, é possível ler nas entrelinhas dos textos eivados de preconceito, publicados nos jornais da época, várias formas de resistência.

Podemos entrever a prática da *Tiririca* e da *Pernada*, dança/jogos similares à capoeira, assim como se pode perceber nos artigos dos códigos municipais de conduta ou postura, a proibição dos *Batuques*, que poderiam ser uma infinidade de práticas musicais diferenciadas, como *Samba de Bumbo, Candômbe, Umbigada, Samba Lenço* ou *de Roda*, ou o *Batuque* propriamente dito, mas que, ao olhar do "*outro*", toma-se tudo pelo mesmo.

Tais práticas podem ser lidas ou interpretadas como formas de inserção urbana, que as teorias convencionais da vida urbana não têm podido captar. São modos que prenunciam os projetos silenciados, na relação desigual com as elites econômicas da cidade.

> Até essa época, no início do século, a rua era o principal meio de subsistência dos pretos e dos pobres; era também lugar de manifestações culturais, de tensão e de conflitos sociais latentes. Os defensores da moral, dos bons costumes e da "civilização" passaram a classificar as manifestações culturais e religiosas dos pretos como baderna e algazarra, cobrando das autoridades competen-

tes que pusessem a polícia a cuidar das pequenas concentrações de pretos, sob o argumento que estas quase sempre descambavam para o lado do crime.[8]

Nas primeiras décadas deste século, passada a euforia dos abolicionistas e assentada a poeira das promessas republicanas, os pretos de São Paulo rapidamente entenderam a natureza das mudanças. Principalmente quando a cidade, que se queria moderna e sem conflitos sociais, se inchou de imigrantes pobres, trabalhadores excluídos da Europa.

Tensões e trocas culturais alternadamente operaram-se nos espaços comuns de luta pela sobrevivência, trabalho, lazer e até mendicância. Das regiões da Lapa, Barra Funda, Bexiga e Campo dos Enforcados (Liberdade), com valorização das áreas centrais e a exploração imobiliária, os pretos e pobres foram gradativamente empurrados para as beiras das encostas do Cambuci, para as margem dos rios e regiões mais remotas, fazendo nascer os bairros da Casa Verde, ao norte e Saúde e Jabaquara, ao sul.

As senhoras das elites solicitavam as trabalhadoras brancas para todo e qualquer tipo de trabalho, alguns anúncios de jornais da época não dissimulavam tais preferências. A cidade pôde assistir na década de 30 à formação da mais expressiva experiência político-partidária que os pretos brasileiros puderam realizar, a Frente Negra Brasileira.

No início apenas um grupo, a FNB transformou-se em partido político, construiu unidade, equalizou diferenças, mobilizou pessoas para muito além das fronteiras estaduais, sendo depois cassada pelo governo ditatorial de Vargas, juntamente com os demais partidos em 1937.[9]

As associações negras eram geralmente organizações de ajuda mútua, com dentistas, advogados, escolas noturnas e outras práticas de assistência social. Havia muitas delas pela cidade, promovendo

---

8. Amailton Magno Grillu de Azevedo e Saloma Salomão Jovino da Silva, *Um mundo preto paulistano*, op. cit.

9. Existem pesquisas sobre o tema, mas é interessante ler Leite, José Correia e Cuti (org.) *E disse o velho militante José Correia Leite. Depoimentos e artigos.* São Paulo, Sec. Mun. de Cultura, 1992.

bailes e festas em ocasiões pontuais e especiais; não raro cada uma tinha como obrigatório seu próprio grupo musical, naquela época denominado *Regional*. Os regionais tocavam choros, sambas nas suas variações, marchas carnavalescas e sucessos musicais veiculados pelas rádios AM da cidade.

Os grupos *regionais* também participavam dos cordões, antes de surgirem as escolas de samba. Faziam serenatas, saraus, animavam bailes familiares e de salão. Muito embora em algumas dessas associações houvesse aqueles que procurassem se distanciar das culturas de origem africana, alimentando um certo sentimento elitista, mesmo nessas organizações a presença da música era fundamental.

Aristides Barbosa, professor e jornalista, ex-militante da Frente Negra Brasileira na São Paulo dos anos 30, participou do *regional* da FNB que reunia instrumentistas das cordas: violões, violas e cavaquinhos; percussão: pandeiros, chocalhos, caixas, cuícas; e sopro: saxofone, clarinetas e flautas.

Em um livro de memórias de velhos militantes da FNB, lembrando-se do ambiente daquele tempo, ele nos relata:

> O regional era uma coisa de jovens. A gente tinha essa necessidade de se divertir, ir a bailes. Uma noite fomos tocar em Santana. Um guarda civil chamado Fausto deu uma festa e foi buscar a gente de carro na Rua da Consolação. Ele gostava muito de mim, do Abelcio também. A festa deixou todo mundo bastante feliz e, quando saímos de madrugada, descemos a Voluntários da Pátria todinha cantando um samba. Lembro até hoje: Quero ver o sol nascer / no meio da batucada / batucando com você / quero ver o sol nascer [...] Descíamos o morro de Santana cantando. O Cásper pegava num cavaquinho e esquecia, aí a gente cantava assim: Branco aqui não mete a cara / quero ver o sol nascer / o samba é coisa muito rara / batucando com você [...].[10]

---

10. Depoimento de Aristides Barbosa in: *Frente negra brasileira*: depoimentos, entrevistas e textos, Márcio Barbosa (org.) Quilombhoje. São Paulo; Quilombhoje, 1998.

O depoimento é retrado, portanto, de um período em que, de um lado havia a imigração para branquear o país, e São Paulo perseguiu tal objetivo desesperadamente, enquanto do outro constam os discursos oficiais dos intelectuais, que tentavam sustentar que no Brasil não havia racismo ou qualquer tipo de discriminação. Entre ambos encontravam-se as populações negro-mestiças de descendentes de africanos.

A cidade seguiu seu curso, mas a letra do samba gravada na lembrança do velho militante, assim como sua fala que aqui partilhamos como nossa memória, evidenciam as lutas silenciosas, os conflitos latentes e confrontos enviesados nas ruas, vielas e becos de uma cidade cindida e recomposta de fragmentos de culturas e identidades, que ela teima em ocultar.

Dentre as maneiras de tornar a vida possível diante das adversidade, os pretos urbanos têm dedicado especial atenção à música. As práticas musicais ou musicalidades têm sido um canal fundamental para criar novas formas de sociabilidades, que podem ser entendidas como expressão dinâmica de pertencimento. É um estar entre os iguais, sejam eles os *patrícios* de anteontem, os *brothers* de ontem ou *manos* de hoje. Os baile, as festas de rua, de salão ou de fundo de quintal são também os lugares apropriados para isso.

São referências que vêm de longe, como das *rodas de pernada*, reaparecem refiguradas no *break*, o estilo de dança do hip hop, que combina gestos de capoeira e imitações dos movimentos mecânicos das máquinas. Remetem-se aos cordões carnavalescos dos primeiros anos deste século, atravessam as atividades das sociedades e associações negras, se fazendo presente na formação das escolas de samba após a década de 1940.

Identificamos um acúmulo de experiências socioculturais específicas, que emergem do viver urbano, determinando-o e sendo determinado por ele. Viveres e práticas constituídas de perspectivas em que o pertencimento não obrigatoriamente é verbalizado, mas é vivido, e se dá nas interações e resistências dialógicas.

Entre os estilos musicais mais recentes, a música *soul* e o movimento *Black Power* surgidos no bojo do Movimento pelos Direitos Civis entre os afro-americanos do norte, inesperada e rapidamente ganharam adeptos e aglutinaram parte da juventude negra urbana brasileira nos anos 70.

Em São Paulo o Movimento Black foi visto com muita desconfiança pelos veículos de comunicação, tal como acontece atualmente em outros níveis com o movimento hip hop.

Não havia naquele momento como de costume, ao menos no início, nenhum grande empresário de espetáculos por trás dos eventos. Eles começaram no fundo dos quintais e pouco a pouco foram ganhando as ruas e depois os salões de baile dos bairros periféricos, até, de repente, pacificamente tomarem de assaltos os clubes elegantes e ginásios de esporte; por volta de 1977, a música *soul* e os emblemas do movimento já haviam-se tornado moda, atingindo inclusive as discotecas e clubes freqüentados pela juventude branca de classe média.

Os grandes veículos de comunicação, como canais de televisão, revistas e jornais, que geralmente desdenham dos pequenos eventos culturais, aos poucos foram notando as hordas de jovens negros que coloridamente enfeitavam as noites da metrópole, na época da geração *black*. Temiam, à boca miúda, a penetração da ideologia dos Panteras Negras, que pregavam, entre outras coisas, a legitimidade do uso da violência contra as atitudes racistas.

Diante de tal interpretação, valeria a pena questionar porque a juventude negra da cidade, diante de tantos símbolos de cultura juvenil disponíveis nos anos 70, escolheu justamente a *soul music* como expressão musical e não o rock, estilo francamente adotado pela maioria da juventude urbana.

As equipes de som eletrônico como Chic, Zimbabwe e Black Mad que animavam os bailes *blacks* dos anos 70 cresceram, algumas se tornaram pequenas gravadoras e produtoras musicais, sendo fundamentais para a formação do público consumidor de *rap*. Já capitalizadas, passaram a tornar viáveis os primeiros discos do gênero, gravando, entre outros, Racionais, DMN e Lady Rap e os grupos de samba paulista como Cravo e Canela, Sem Compromisso, Negritude Junior. Estes selos e equipes abriram caminho para a entrada da geração de sambistas cariocas na ativa desde os anos 60 e 70, mas sem grande penetração na cidade, como Martinho da

Vila, Dona Ivone Lara, Jovelina Pérola Negra, Almir Guineto, Zeca Pagodinho, Bezerra da Silva, Fundo de Quintal e Leci Brandão.

Os grupos de rap também beneficiaram-se da estruturação das antigas equipes de baile, que produziram os primeiros discos desse estilo, com orçamentos modestos. Foram gerados LPs coletivos, em que se agregavam os participantes dos cansativos festivais competitivos, nos quais as equipes selecionavam primeiramente por fitas cassetes, as bandas que se apresentavam em eventos ao vivo, nos quais se testavam suas *performance* e aceitação pública.

A gravadora Eldorado, ligada ao grupo de empresas do jornal *O Estado de S. Paulo*, foi a única de médio porte a produzir antes da entrada da década de 90 um disco desse estilo musical.

O surgimento do movimento hip hop, no qual se encontra a música rap, em São Paulo, passa quase obrigatoriamente por esses caminhos, ou descaminhos, se pensarmos nas suas dimensões atuais. É necessário lembrar que os primeiros contratos entre esses selos e os rappers eram verdadeiras armadilhas para os grupos, que ficavam enredados numa trama macabra de vampirismo empresarial, sem saber quantos anos duravam os contratos, sem ter o mínimo controle sobre os discos vendidos, sem ter acesso aos borderôs de ingressos vendidos nos shows e aos recibos dos custos de produção dos discos e eventos de divulgação.

Somente no final dos anos 90 se começou ouvir falar em produções cooperativadas e independentes e em iniciativas como a *Cooperativa Paulista de Hip Hop* e do *selo Cosa Nostra*, que passaram a garantir algumas produções de discos e shows, inclusive de grupos que atuam fora da área da Grande São Paulo.

Alguns dos protagonistas do hip hop, que hoje definem as suas práticas como *Movimento Cultural de Rua*, já podiam ser notados pelas ruas centrais da cidade, logo nos primeiros anos da década de 80, como Nelson Triunfo, Marcelinho, Thaíde, Hélio, Cícero, Marcelo Pinguinha, Luizinho, DJ Hum. Todos tornavam a rua território para viver, se divertir, criar, encontrar os *manos*, sobreviver e fazer arte. Ao seu modo, seguiram reinventando a tradição dos pretos paulistanos de usar os espaços públicos como território legítimo para as manifestações musicais.

Cultura de Rua é a denominação reivindicada para suas práticas, que, ao menos ao nível do discurso, não aspiram aos salões aristocráticos, nem ligam a mínima para quem inventou a palavra cultura, porque, antes de ser um conceito, para eles é um modo de vida e expressão. Eles a empregam num sentido que transcende a sua utilização antropológica mais ampla, para definir uma opção estética, política e social.

Os grupos musicais de rap quase sempre anunciam no Salve, o espaço reservado para reverenciar os bairros e pessoas consideradas importantes para cada grupo no início das canções e discos. O Salve é também o momento da poesia ou da narrativa, em que se instaura o ponto espacial, temporal, social e étnico de onde se está falando, ou, melhor, enviando a mensagem, para que o ouvinte não se sinta ludibriado.

São diálogos diretos, quase pessoais, entre os rappers e os ouvintes. Trazem metáforas surpreendentes e plenas poesias ritmadas, que têm como pano de fundo os ruídos da própria cidade.

O hip hop paulistano, praticado por pessoas comuns, com as suas formas artísticas de intervir no urbano, o break como dança, a pintura mural grafitada e a música rap tem deixado seus registros, dançando, pintando, compondo os raps que são, entre outras coisas, interpretações críticas do viver urbano na cidade de São Paulo na última década do milênio.

As letras, arranjos, instrumentos, estilos, configuram um tipo de memória urbana e recente de um grupo singular, que cria mundos, habita a cidade, desvelando a existência e resistência do contingente de jovens prioritariamente pretos e mestiços empobrecidos, filhos e netos de migrantes, residentes nos guetos paulistanos.

Quando ainda só dançavam, ou melhor, não detendo ainda a criação musical como atividade principal como hoje, as esquinas das ruas Dom José de Barros com a 24 de Maio no Centro serviam de ponto de encontro, apropriado por Nelson Triunfo e o grupo Funk Cia.

Estes se auto-intitulam os "iniciadores da cultura hip hop em São Paulo", e são reconhecidos como tal em algumas narrativas históricas e canções que tentam recompor a memória do movimento. Nessas aparecem os seus marcos temporais e a eleição das figuras e elementos fundadores.

Rap e educação

Nelson viveu e testemunhou, como muitos, o surgimento e desaparecimento de numerosos grupos de dança, que tomavam as ruas como território preferencial, deixando registrado pela presença, ainda que efêmera, os passos de *break* na cidade.

Os *breakers* dançavam onde achavam necessário, sem se preocupar com um lugar fixo. Nos primeiros anos da década da 80, pelo menos até a ocupação do Largo São Bento por volta dos anos de 1984-85, eram os dançarinos um dos traços mais marcantes da cultura hip hop.

Alguns espaços fechados que serviram aos *blacks* como ponto de dança e diversão, aparecem nas práticas dos rappers, nas letras das músicas ou como locais de encontro, como foram os salões de dança espalhados pela cidade entre os quais o Guilherme Jorge, na Vila Carrão, o Santana Sambas, próximo ao Metrô Santana, o Maringá Dance, na Vila Guarani, o La Croati, no Jabaquara, o Astro, na Cidade Ademar, o São Paulo Chic, na Barra Funda, o Alepo, no Brooklin, o Embaixador, na avenida Celso Garcia, a Casa de Portugal, na Liberdade, e o ginásio de esportes do Palmeiras, no bairro da Pompéia.

O movimento *black-soul* paulistano tinha como referência as equipes de baile como a Chic Show, Kaskatas, Zimbabwe, Black Mad, Transa Negra, Soul Humanitê, Watergate, The Brothers of Soul, Força Negra, Ademir Fórmula 1, Galloti, Os Carlos, Os Primos, Musicália, Tropicália, J.B.S, Soul Train, Soul Power e Black Board, que são um dos aspectos importante da vivência negra na cidade, e revelam toda uma capacidade de organização e economia, denotando concepções de cultura que se traduzem nos bailes. São espaços que uma vez ocupados pela juventude negra, adquirem a feição de territórios,[11]

---

11. "Contrapondo-se noção de espaço à noção de território, há uma relação de exterioridade do sujeito em relação ao espaço e uma ligação intrínseca com a subjetividade quando se fala em território. O território é uma noção que incorpora a idéia de subjetividade. Não existe um território sem um sujeito, e pode existir um espaço independente do sujeito. O espaço do mapa dos urbanistas é um espaço, o espaço real vivido é o território". Raquel Rolnik, "História Urbana: História da Cidade?" In: Fernando, Ana e Gomes, Marco Aurélio de Figueiredo (orgs.) *Cidade e história: modernização das cidades brasileiras no século XIX e XX*, Salvador, Faculdade de Arquitetura, Universidade Federal da Bahia, mestrado em arquitetura e urbanismo, 1992.

pois sentimentos, comportamentos e valores culturais são expressos por pessoas que encontravam nesses eventos a possibilidade de evocar tradições, reinterpretá-las e transformá-las em novas linguagens.

É interessante notar como os rappers se apropriam das experiências vividas pelas gerações anteriores, sobretudo a juventude negra dos anos 70, colocando-se como continuidade da geração do *black-soul*, e mantendo conexões com diversos sons e lugares tornados espaços de gente preta, como o Largo São Francisco, a rua Direita e a Galeria 24 de Maio na rua 24 de Maio.

Os sons utilizados nas colagens dos DJs vêm geralmente de artistas negros americanos dos anos 70 ou brasileiros identificados com o *soul*. Entre eles, Tim Maia, Jorge Ben Jor, Cassiano, Bebeto, Banda Black Rio, Hyldon e Gérson "King" Combo.

A geração do rap herdou, de certa forma, esse repertório musical, resignificando os sons do tempo do *soul*, e os transformou em rap nos anos 80 e 90.

É das musicalidades praticadas pelos jovens negros em São Paulo nos anos 70, ou seja, da música *soul*, que se extrai a base musical sobre a qual o rap é construído nos anos 90.

Os músicos do rap raramente possuem formação musical escolar, assim como não tocam instrumentos convencionais. Mas o aspecto realmente revolucionário do movimento hip hop foi abolir a noção tradicional de que só faz música quem tem e formação e toca instrumentos músicais.

> Eu jogava em um time que os caras do primeiro quadro já curtiam um som. A rapaziada levava um rádio gravador, escutava um samba e sempre um lado da fita era balanço. Eu tinha 11 anos e na época se curtia música soul, James Brown, Chocolate Milk e falo isso de memória, pois escuto os discos hoje e lembro dos bailes que ia. Mas em 1980 eu comecei a fazer festas com um (três em um) a adquirir discos e eu muito sintonizado nos programas de rádio fui sacando as viradas, as mixagens. Não tínhamos pick-ups com pitch e então improvisávamos com borrachinhas, esponjas molhadas no dedo e íamos fazendo o lance. Em 83, eu

já curtia Kurtis Blow e os funks falados que apareciam e eu me empolgava com esse tipo de música. Quando começou a pintar esse lance do rap junto do break, pintou um monte de festinha para eu fazer na vila e foi onde eu comecei a desempenhar meu trabalho. Vi o Malcon Mac Laren saquei que dava pra fazer músicas com discos.[12]

As canções criam os marcos da história pessoal, o movimento cria os marcos de trajetórias coletivas, seu ponto em comum são as práticas desenvolvidas em torno da música.

Humberto, de nome artístico DJ Hum, como os artistas ligados ao hip hop, possui a experiência do samba e o *soul* como repertório de audição, e nela fundamenta como marcos históricos as sonoridades não-contemporâneas ao estilo por ele praticado. Tais músicas formaram as suas memórias e o pano de fundo para a produção do rap feito no Brasil.

São das memórias que emergem algumas formas de sociabilidades, como os jogos de futebol ou as festinhas realizadas nas vilas, que se transformaram em possibilidade de ganhar a vida. À medida que esses jovens DJs (disck-jóquei/discotecários) foram assumindo como profissão a arte da discotecagem e atuando em festas e bailes, para animar os participantes, tal como aconteceu com DJ Hum, DJ K.L.Jay, DJ Fresh, DJ Negro Rico.

Geralmente são os DJs que montam as estruturas rítmicas e harmônicas por meio da técnica de bricolagens sonoras, combinando baterias eletrônicas e trechos instrumentais de músicas já gravadas por outros artistas. Estas são reelaboradas e ganham uma nova configuração, que, às vezes, as tornam irreconhecíveis, se confrontadas com as originais.

Dado o alto nível de complexidade das elaborações musicais, representado pela formação das levadas ou *grooves* (seguimento ou seqüência musical), pelos *scratchs* (efeitos percussivos obtidos pelo

---

12. DJ Hum, entrevista, Revista *Pode Crê!*, ano II, nº 4, São Paulo, 1994.

giro do disco no sentido contrário), as canções passaram a depender da capacidade dos DJs de intervir sobre as trilhas pré-gravadas.

Os equipamentos básicos utilizados são os discos de vinil, os misturador ou *mixers*, que unem os toca-discos ou *pick-up*, e sampleadores, que são os equipamentos digitais que permitem o recorte, as montagens e a sobreposição de músicas que têm andamento, ritmo e tonalidades diferentes. Nas mãos dos DJs tais equipamentos transformam-se, verdadeiramente, em instrumentos musicais.

O Largo São Bento, na Estação do Metrô, era o lugar onde se reuniam as pessoas envolvidas nesse fazer artístico urbano e para lá se ia dançar e cantar. Nesse lugar os participantes do movimento, incipiente ainda, puderam dar outros significados ao local, nos encontros realizados, inicialmente, domingos à tarde.

A São Bento era o território dominado pelos dançarinos, chamados simplesmente B. Boys, e cantores, denominado MC's, que resolveram se apropriar da praça Roosevelt por volta do ano de 1989, onde puderam ter mais oportunidade para trocar informações sobre música.

Freqüentando-se o Largo de São Bento ou a praça Roosevelt, o fato é que os B. Boy, MC's e DJ's tinham na Galeria 24 de Maio mais um ponto de encontro onde estavam localizadas as lojas de discos, das vestimentas e os salões de cabeleireiros *black*, que serviam como lugar para se estar visualmente em dia com o mundo do hip hop ou apenas para trocas de idéias.

A ocupação desses territórios, de certa maneira, não esteve associada a um tipo de organização racional e planejada, mas ocorreu pela necessidade de criação de um local de fácil acesso a todos os que vinham de bairros longínquos; hoje fala-se desses lugares como de fundação do movimento *hip hop*, entre os anos 1984-5 a 1989.

Os jovens negros inventaram novas geografias no Centro de São Paulo, microcidades com estilos de vida ímpares, que desdenham e se contrapõem aos projetos de cidade-conceito, pensada para sujeitos universais, abstratos, anônimos e sem história.[13]

---

13. Certeau, Michel. *A invenção do cotidiano*: artes de fazer, 2ª ed., Petrópolis, Vozes, 1996, p. 173.

Esses foram os lugares tomados pela arte que tem dado visibilidade a contigentes significativos de grupos compostos por jovens pretos e pobres, desde o final dos anos 80 e início dos 90, a partir das músicas de Thaíde e DJ Hum, Racionais MC's, D.M.N.

Estes outros contornos de cidades foram emergindo sob o símbolo duplo da periferia/favela e revelando modos de vida marcados pela pobreza. Nesse período nasceu um estilo diferenciado de rap, que tem sido chamado de "rap-político", por se distanciar em termos temáticos do "rap-animação", produzido no início.

Seria o rap político que revelaria histórias pessoais ou coletivas, narrativas dilaceradas pela tristeza. São lamentos indignados que revelam a impotência e a revolta social que humanizam os cotidianos caracterizados pela violência, injustiça social e arbitrariedades múltiplas. Algumas canções pinceladas de alegria desvelam experiências vividas por essas pessoas, novos personagens que entraram na cena urbana nas últimas décadas.[14]

É nos anos 90 que, pela narrativa das letras de rap, os desajustados, drogados, favelados, ladrões, meninos de rua, detentos, ex-detentos, toda uma legião de deserdados da cidade mais rica ao sul do equador deixaram de aparecer apenas como vítima. Tais personagens têm sua humanidade nas letras do rap, habitam os lugares impronunciáveis da metrópole, não são números de estatísticas governamentais, nem frutos do engodo da industrialização e do crescimento urbano. Nessas canções elas emergem como protagonistas de suas histórias e de suas memórias.

> *São Paulo, dia primeiro de outubro de 1992, oito horas da manhã*
> *Aqui estou mais um dia, sob o olhar sanguinário do vigia*
> *Você não sabe como é caminhar, com a cabeça na mira de uma HK*
> *Metralhadora alemã ou de Israel, estraçalha ladrão que nem papel...*

---

14. Éder Sader, *Quando novos personagens entraram em cena*: experiência e lutas dos trabalhadores da Grande São Paulo — 1970-1980, Rio de Janeiro, Paz e Terra, 1988, p. 61.

Rap é educação

Cada detento uma mãe, uma crença, cada crime uma sentença
Cada sentença um motivo, uma história de lágrima
Sangue, vidas e glórias, abandono, miséria, ódio, sofrimento
Desprezo, desilusão, ação do tempo, misture bem essa química

Pronto: fiz um novo detento...

Racionais MC's — *Diário de um Detento*.[15]

AMAILTON MAGNO GRILLU AZEVEDO, historiador formado pela PUC-SP. Mestrando no programa de pós-graduação em história da PUC-SP.

SALLOMA SALOMÃO JOVINO DA SILVA, professor da rede pública estadual de educação, mestrando em história pela PUC-SP e músico.

---

15. Racionais MC's. CD *Sobrevivendo no inferno*, selo Cosa Nostra, São Paulo, 1997.

Hip Hop: Movimento Negro Juvenil

Elaine Nunes de Andrade

Relato de uma experiência

Em 1989, como estudante do curso de pedagogia, iniciei um estágio supervisionado numa escola pública estadual, localizada na periferia do município de Osasco, Região Oeste da Grande São Paulo. Essa escola era caracterizada, já naquela época, por alto índice de depredações e vandalismo no prédio público. Por um lado, professores descontentes e revoltados com a situação do magistério, com a baixa remuneração e com a postura de rebeldia na comunidade escolar. Por outro, alunos que se mostravam insatisfeitos com os seus professores e, conseqüentemente, indiferentes ao conhecimento transmitido pelo currículo oficial; a apatia estava instalada e o cotidiano escolar assinalado pela cumplicidade da ação: "Finge-se que se ensina e finge-se que se aprende" — fato notório nas últimas décadas no país, principalmente em se tratando das escolas públicas onde a clientela é de baixa renda.

Não estou aqui generalizando essa situação, pois educadores imbuídos de um profissionalismo heróico e de uma esperança inabalável conseguem superar essas dificuldades encontradas no cotidiano escolar e fazer delas instrumentos de trabalho educativo. Foi exatamente o que aconteceu com um grupo de professores dessa escola em que estagiava. Unindo-me a eles, resolvemos desenvolver algumas atividades que pudessem vir a constituir um projeto pedagógico de caráter estritamente comunitário, isto é, um projeto cuja ação educativa estivesse alicerçada nas reais necessidades desse contingente escolar e pudesse traduzir os seus interesses cotidianos, adaptando-os ao conteúdo sistematizado do currículo escolar.

O objetivo dessa idealização professoral era o de desenvolver atividades educativas a partir dos interesses e ideais dos alunos, cuja

Rap e educação

realidade de vida não se identificava com o nosso discurso letrado e institucionalizado. Tanto que era imprescindível envolver nessas atividades os alunos considerados rebeldes, indisciplinados e até delinquentes (tínhamos alunos com passagens pela Febem que estavam sob liberdade assistida).

A princípio, decidimos "ouvir os alunos", isto é, criar espaços nas aulas para que houvesse maior participação das classes. Para tanto, eram discutidos artigos de jornais cujas matérias tratavam de violência, política ou educação. Foram lidos também textos de autoria de Frei Beto, mais especificamente a obra *Introdução à política brasileira*, publicado pela Ática.

Interessante foi observar o quanto esses alunos "rebeldes" participavam ativamente das discussões políticas. Eles apontavam semelhanças com a sua vida social, com as suas opiniões sobre a sociedade, e com isso o discurso letrado do currículo passou a encontrar eco no existir dessa juventude extremamente pobre.

A seguir, numa iniciativa mais ousada, resolvemos conhecer o modo de vida desses alunos, participando das suas festinhas de finais de semana, conhecendo os seus vizinhos, os seus "outros" amigos e os seus laços familiares. A idéia era obter uma aproximação com eles e com a própria comunidade, pois a escola não é, nem nunca foi, uma instituição neutra; ela faz parte da coletividade, sendo um dos mais expressivos espaços em que se desenvolve a sociabilidade juvenil.

Os alunos eram de 5ª a 8ª série, com idade que variava dos onze aos dezenove anos, de maioria negra e de origem nordestina, por isso logo se fazia necessário o conhecimento do modo de vida dessa clientela. Os cursos de licenciatura do ensino superior até o final da década de 1990 não têm preparado adequadamente os educadores para que estes consigam trabalhar com as diferenças de crença, etnia, gênero, regionalismo etc. encontradas em sala de aula — esse fato impede o êxito do processo ensino-aprendizagem.

Porém, as discussões acerca das diferenças individuais e grupais têm obtido visibilidade no final deste século e é possível observá-las, por exemplo, nas obras editadas pelas editoras Summus e Contexto. A coletânea de artigos que constituem essas obras demonstram (além das diferenciações de

Rap é educação

idade, gênero, orientação sexual comum a toda sociedade), que não somos um país de cultura uniforme nem queremos sê-lo; ao contrário, somos ricos pela diversidade e a escola precisa explorar as riquezas culturais advindas, principalmente, da etnicidade e do regionalismo.

Essa é uma das propostas divulgadas pelo Ministério da Educação, ao indicar os temas transversais nos Parâmetros Curriculares Nacionais (PCNs). Entre os temas propostos está o da pluralidade cultural, que significa o reconhecimento da diversidade na cultura brasileira e que deve ser apreciado nos conteúdos do plano escolar.

Finalizado o ano letivo de 1989, o grupo de professores daquela escola pública, comprometido com as atividades de cunho comunitário e de integração do contingente escolar ao saber sistematizado da educação formal, despediu-se da comunidade, não conseguindo nem mesmo elaborar um projeto pedagógico que fosse oficialmente implantado e legitimado pela clientela escolar.

Vários foram os fatores que dificultaram a elaboração desse projeto, os quais refletem a situação da maioria das escolas da rede pública: greve; autoritarismo da direção; ausência de comprometimento da equipe de professores; descontinuidade nos locais de trabalho dos OFAS*.

No ano seguinte, a equipe de professores idealizadores das iniciativas de integração comunitária estava em outras escolas.

O encontro com o universo acadêmico

Seguindo o curso da minha história, dirigi-me à pós-graduação da Faculdade de Educação da Universidade de São Paulo, tentando transformar a frustração de um projeto não-concretizado numa pesquisa acadêmica. Resolvi encaminhar o meu interesse tendo como objetivo conhecer os valores desses alunos tão indisciplinados, mas dotados de um senso crítico admirável.

Em 1993, após dois anos cursando as disciplinas obrigatórias da pós-graduação, defini o tema a investigar: o rap. Essa manifestação

---

* OFAS – Ocupante de função atividade.

musical me pareceu um instrumento rico para entender uma parcela da juventude paulistana, na qual estavam inseridos esses alunos "especiais" que me levaram à produção acadêmica.

O rap, independentemente do seu ritmo acelerado, ensurdecedor e rebelde, representa um instrumento político de uma juventude excluída. Independentemente do seu conteúdo muitas vezes agressivo e provocador, indica uma ação pedagógica de jovens em processo de escolarização ou mesmo evadidos da escola. Quem observa o seu conteúdo, analisando a sua letra, independentemente do seu gosto musical, vai encontrar uma leitura da vida social, do "fazer" da sociedade, comparada a muitos cientistas sociais que apenas superam esses jovens na linguagem culta e específica do universo científico. É de se espantar!

Mas afinal, o que é o rap?

O rap é um dos elementos artísticos de um movimento juvenil chamado *hip hop*. Esse fenômeno é um movimento social dos jovens excluídos, em sua maioria negros. Nos EUA, o movimento surgiu nos guetos de Nova York, numa articulação de jovens negros e hispânicos. O objetivo dessa articulação era diminuir a violência generalizada entre a juventude agrupada em gangues. Embora os jovens daquela época, meados dos anos 70, conhecessem a arte da dança — denominada *break* e a arte da pintura denominada grafite (dois elementos básicos — constitutivos do movimento *hip hop*), foi somente com a introdução do rap (nos guetos) por um DJ (disc-jóquei) jamaicano, que se possibilitou às equipes de bailes sugerirem uma competição entre gangues em torno da produção artística — o que de imediato foi aceito.

A origem do hip hop — que significa balançar o quadril, um convite à diversão —, sempre teve em sua proposta inicial a PAZ. Ele foi criado e continua com o mesmo propósito: canalizar energias que poderiam estar voltadas à criminalidade centralizando-as na produção artística. E é exatamente essa a questão incompreendida do rap, quando ouvimos essa tendência musical dotada de pré-conceitos.

O hip hop, embora englobe os elementos artísticos *break*, dança, e o grafite, pintura, é o rap, música, o instrumento de maior poder e valorização no movimento. O *break* é uma dança caracterizada por movimentos em que o dançarino tenta reproduzir o corpo debilitado dos soldados que voltavam da Guerra do Vietnã; há ainda movimentos que copiavam as hélices dos helicópteros utilizados na guerra. O objetivo dessa dança era justamente mostrar o descontentamento dos jovens com relação à guerra — um instrumento de protesto simbólico, mas de grande significado para a juventude daquela e desta época. O grafite surgiu a princípio para demarcar o território de ação de determinado grupo, mas ultrapassou as fronteiras dos guetos e passou a embelezar a cidade nova-iorquina. No grafite os desenhos também possuem a intencionalidade do protesto, são desenhos que revelam dor, exaltação do grupo, repúdio a uma forma de opressão.

O rap possui características especiais e é o elemento de maior força do movimento. Alguém pode apreciar um movimento de dança do *break* ou observar uma grafitagem, mas ninguém resiste à observação demasiada do rap. Pode-se até não gostar desse estilo musical, mas ele jamais é ignorado e é exatamente o que os *hip hoppers* e quaisquer outros membros de movimentos juvenis almejam — querem ter visibilidade e poder de voz — isso basta para confortar a identidade juvenil desses atores sociais.

As raízes do rap, podem ser encontradas entre a população historicamente escravizada tanto do Brasil quanto dos EUA. No Brasil, os ganhadores de pau, que vendiam água nas ruas de Salvador, utilizavam-se do canto-falado em que o MC (mestre-de-cerimônia) conduzia o grupo. Nos EUA, houve os escravos das fazendas de algodão no sul do país, os *griots*, que também se utilizavam desse estilo de cantar. É um exemplo básico da transcendência negra: não importa onde estejam seus descendentes, há referências a culturas de origem africana que permanecem por gerações.

No Brasil, o hip hop surgiu no início dos anos 80, na capital paulista, entre os jovens de maioria negra. Foi por meio dos bailes e das lojas específicas de musicalidade negra que o hip hop passou a ser conhecido pela "galera". O baile para o jovem negro é um espaço fundamental de afirmação da sua identidade, mais do que um simples espaço de sociabilidade juvenil — não é o simples fato de estar com seus iguais em idade, mas sim o de estar com os seus iguais em

Rap e educação

etnia, que vivenciam no seu cotidiano as mesmas dificuldades econômicas e sociais*.

A princípio, no início dos anos 80, os *hip hoppers* conheceram o *break*, e dançavam nas pistas dos salões de baile, até chegarem às ruas da capital, no pioneirismo de Nelson Triunfo — a quem costumamos nos referir como o "guru" do hip hop. O grafite chegou quase simultaneamente ao *break* — e as revistas importadas auxiliaram nessas novas descobertas. Essas revistas eram adquiridas nas lojas da Galeria 24 de Maio — um espaço tradicionalíssimo de recreação, compras e encontros da juventude negra paulistana, localizado no Centro de São Paulo. Esse espaço é composto por um conjunto de várias lojas de discos, roupas e salões de cabelereiros.

Mas, em meados dos anos 80, chegou o "tagarela" — sim o rap não era rap, era um ritmo engraçado, rápido e divertido que de imediato fora apelidado por tagarela.

Os grupos de *hip hoppers* interessados e identificados com esse movimento juvenil, nascido na periferia e cuja força se concentra na música de origem negra, passaram a pesquisá-lo difundindo-o no país. Formaram grupos de dança que se exibiam na rua 24 de Maio e depois na Estação São Bento do Metrô. De posse de informações mais detalhadas, foram apresentados ao rap e por intermédio dele investiram na sua criatividade, passando a fazer letras de música cujo conteúdo expressasse a realidade de suas vidas.

Foi assim que surgiram os grupos de rap do movimento *hip hop*, sendo hoje os mais conhecidos Thayde, DJ Hum e Racionais MC's — pertencentes a esse momento histórico de introdução, consolidação e proliferação dos ideais do movimento no país.

Em 1990, no aniversário de São Paulo, esses e outros grupos envolvidos, fundaram o MH_2O — Movimento Hip Hop Organizado, de forma que cada bairro da capital e de outros municípios pudesse se articular em vários grupos de rap, aglutinando-se numa organização de nome *posse*. Por exemplo, na Zona Norte da capital, há a Posse Força Ativa; na região do Grande ABCD, temos a Posse Hausa, loca-

---

* Ver Malachias, R., 1996.

lizada em São Bernardo do Campo, e a Posse Negroatividade em Santo André; cada uma dessas posses aglutina vários grupos de rap, dançarinos e grafiteiros e, fato novo, está havendo a adesão de mulheres à posse, como articuladoras do trabalho social e político dessa pequena organização juvenil.

A *posse* tem como propósito desenvolver atividades artísticas entre os membros do próprio grupo, com ensaios nas suas reuniões semanais ou quinzenais; agendamento de apresentações musicais ou palestras em escolas e organizações não-governamentais. As posses desenvolvem atividades sociais, como campanhas do agasalho. Algumas procuram articular-se com partidos políticos, participando de debates, ou com entidades do movimento negro, com os quais buscam integração para a obtenção de informações que envolvem a temática negra.

O processo educativo do movimento hip hop

O hip hop, sendo um movimento social, permite aos jovens desenvolver uma educação política e, conseqüentemente, o exercício do direito à cidadania. Nunca, na história social do país, houve uma mobilização social tão expressiva, produzida por jovens negros; esse fato é exclusividade dos anos 90.

Esse movimento negro juvenil apresenta, além da educação política, uma outra vertente educativa que é desenvolvida nas posses: trata-se da ação pedagógica do grupo, ou seja, são os instrumentos utilizados pelos jovens para pleitear direitos, atingir objetivos e intervir nas relações sociais.

Para entender como ocorre essa ação pedagógica na articulação das posses, cito como exemplo a Posse Hausa, que no período em que acompanhei as suas atividades (1994 a 1996) movimentava-se de forma extremamente organizada. Ela procurava defender a identidade do grupo, o que significava definir a ação pedagógica do movimento. Essa ação era representada pelas práticas artísticas do hip hop.

A ação pedagógica é a didática de atuação da posse e junto com as práticas artísticas são o material didático manipulado pelos rappers no grupo. Esse material é o próprio instrumento de trabalho do grupo, que, por sua vez, pertence ao universo da cultura jovem: a música rap

— de origem africana. O conteúdo desse instrumento é constituído ora pela realidade do universo da população negra, ora pela situação das classes subalternas e dos oprimidos. Mas é o instrumento de trabalho que verdadeiramente conta na prática do grupo; o conteúdo é uma conseqüência.

A movimentação dos jovens em torno da "cultura hip hop" e, mais especificamente o rap, possibilita a garantia de superar a crise social com fatos como o desemprego, as dificuldades escolares, as perseguições policiais. Mas a necessidade de fortalecimento de sua identidade étnica é outra vertente que se apresenta como preocupação do grupo, embora em segundo plano. O fato de cultivarem o rap já é investir na sua auto-estima, pois o rap é uma música de origem negra, o que não significa que o conteúdo da música deva ser unicamente nessa temática; o ritmo de estilo musical por si só expressa sua origem.

A Posse Hausa assume seu ideário de grupo negro juvenil no movimento hip hop, e com essa prática os jovens alcançam um duplo objetivo: primeiro, se fortalecem na vida grupal como jovens; e, segundo, desenvolvem o cultivo da auto-estima como negros: aliada a essa duplicidade está a sua consciência política de classe pobre e oprimida.

Para o manuseio desse instrumento de trabalho, cada rapper precisa investir no seu aprimoramento. Por isso a *posse* possui uma coordenação de apoio aos grupos. Estes ensaiam e recebem os apontamentos necessários do coordenador que é mais um autodidata em produções musicais e um severo observador do que um profissional habilitado. Mas essa contuta é considerada pelos componentes como insuficiente; o grupo precisaria ter aulas de canto e de produção literária, trabalho esse que enriqueceria, sofisticaria e valorizaria a produção artística dos grupos, visto possuírem os atributos principais: talento e criatividade.

O rap surge entre os grupos musicais da *posse* sem um mecanismo preestabelecido, as letras são criadas em casa, num bate-papo com amigos, depois de uma leitura que realizam de um livro ou de um artigo de jornal, de um fato que vivenciaram e tornou-se significativo, ou, então, de uma palestra a que compareceram, ou mesmo de um clip musical de um fato que escutaram ou de um programa televisivo que assistiram. Nas reuniões da *posse* nada é criado, tudo é discutido, analisado e assimilado, e possivelmente dessa assimilação decorram o interesse e o estímulo para a criação.

Em virtude da ação dos jovens da *posse* ser espontânea e provomer a criatividade na elaboração das letras de músicas e outros eventos artísticos e culturais — movimentos de rua, panfletos biográficos (sobre personagens negros da história brasileira), tributos a expressivas personalidades negras — a ação pedagógica do grupo é também condiderada uma ação cultural, em que os rappers se tornam sujeitos da História.

Na ação pedagógica, o grupo fortalece sua identidade étnica e geracional como condição única para a superação do mundo da exclusão e, mais ainda, do mundo da violência simbólica. Reafirmam, como jovens, sua capacidade de apresentar idéias, compartilhar opiniões e sugerir mudanças sociais. Promovem, como negros, o cultivo à auto-estima e à luta pelo direito à cidadania. Nesse ínterim, verifica-se que a educação alternativa, desenvolvida no interior do grupo, é a responsável pela articulação da *posse*, a "Hausa" educa-se para se constituir.

Bibliografia

ANDRADE, ELAINE NUNES. Movimento negro juvenil: um estudo de caso de jovens rappers de São Bernardo do Campo. São Paulo, Faculdade de Educação-USP, dissertação de mestrado, 1996.

AQUINO, JÚLIO GROPPA (org.) *Diferenças e preconceito na escola*: alternativas teóricas e práticas. 2ª ed., São Paulo, Summus, 1998.

MALACHIAS, ROSANGELA. Os bailes *blacks* e a visibilidade da juventude negra. Texto apresentado na agenda afro-brasileira de 1996, editada pelo Núcleo de Estudos Afro-Brasileiro — Neafro, na PUC-SP.

PINSKY, JAIME (org.) *12 faces do preconceito*. São Paulo, Contexto, 1999.

ELAINE NUNES DE ANDRADE, pedagoga, é mestre em educação pela FE-USP e professora universitária.

Projeto Rappers: Uma Iniciativa Pioneira e Vitoriosa de Interlocução entre uma Organização de Mulheres Negras e a Juventude no Brasil

Maria Aparecida (Cidinha) da Silva

Primeiras Palavras

Para início de conversa cabe uma pequena apresentação de Geledés — Instituto da Mulher Negra, para que se possa contextualizar a implementação do Projeto Rappers e seu desenvolvimento.

Geledés — Instituto da Mulher Negra é uma organização não-governamental, criada em 1988 por um conjunto de mulheres negras, com o objetivo de combater a discriminação racial e de gênero na sociedade brasileira e desenvolver propostas de políticas públicas que promovam a eqüidade de gênero e raça.

Geledés surgiu do entendimento de que as mulheres negras devem assumir a responsabilidade de encaminhar politicamente suas questões específicas e interferir nas questões gerais da sociedade brasileira e da população negra em particular. Para alcançar esses objetivos, a organização está estruturada em quatro programas básicos: Direitos Humanos, Saúde, Comunicação e Capacitação/Profissionalização. Cada programa é composto por vários projetos. Este projeto integra a área de Direitos Humanos.

Na qualidade de não-governamental, Geledés tem atuado em parceria com várias organizações do movimento social e da sociedade civil organizada, interferindo na definição de políticas públicas que objetivem a eliminação das discriminações sofridas por mulheres e negros/as na sociedade brasileira.

A direção de Geledés é formada, exclusivamente, por mulheres negras; porém, em suas várias equipes de trabalho, a organização tem contado com a colaboração de homens e mulheres, negros/as e brancos/as, solidários/as com sua proposta de ação política.

Projeto Rappers

O Projeto Rappers é uma estratégia criada por Geledés para denunciar as desigualdades raciais presentes na sociedade brasileira e conscientizar a população negra, em especial os/as jovens negros/as, sobre as diferentes formas de exclusão social. É objetivo do Projeto, também, estimular a atitude reivindicativa e a organização política desse setor da população negra para enfrentar com coragem, determinação e respaldo jurídico os processos de discriminação e marginalização social. Para tanto, Geledés oferece um espaço de formação e informação para estes/as jovens e adolescentes negros/as, para que, via ação política, possam desenvolver formas alternativas de capacitação profissional, especialmente voltadas para a música, objeto central da atenção dos/as rappers.

O rap é o estilo musical desenvolvido pelos/as participantes do Projeto, e integra um movimento cultural mais amplo, denominado *hip hop*, ao qual se integram mais dois elementos artísticos, o *break* (dança) e o grafite (desenhos e pinturas feitas nas ruas). O Movimento *Hip Hop* nasceu nos Estados Unidos, na década de 1970. Os/as rappers (cada membro de uma banda de rap é um/a rapper) importaram de lá os primeiros ídolos e inspiraram-se nas nomenclaturas norte-americanas para escolher seus próprios nomes artísticos. A temática das letras, entretanto, não precisou ser importada. As diversas formas de violência, discriminação, exclusão, arbitrariedade e abuso de poder (por parte da corporação militar) sofridas pelos/as rappers daqui, eram bastante similares àquelas dos guetos de Nova York. O discurso dos/as rappers veicula elementos poderosos de auto-estima e representação crua da realidade cotidiana vivida pela juventude das periferias do país, especialmente pela juventude negra.

Em 1992, vários rappers chegaram a Geledés depois de ouvir a intervenção de uma integrante da organização em uma praça pública de São Paulo, na qual se divulgava um serviço do Programa de Direitos Humanos, o SOS Racismo, no qual se presta atendimento jurídico às vítimas de discriminação racial. Há pouco, aqueles/as jovens haviam tido um amigo rapper assassinado por um policial militar no metrô de São Paulo. O "delito" praticado pela vítima, presenciado por várias testemunhas, foi o canto de músicas cujas letras criticavam o abuso de poder dos militares, o que fez com que o policial militar em questão ordenasse a parada do metrô, encostasse todos os garotos na parede do trem para revistá-los por estarem em "atitude suspeita" e, descontroladamente, atirasse na cabeça de um dos jovens. Estavam todos aterrorizados e sentindo-se impotentes para obter justiça. Os/as advogados/as do SOS encaminharam o caso e conseguiram uma das vitórias mais significativas de toda a sua atuação. O policial militar foi punido com a expulsão da corporação, o que permitiu seu julgamento pela justiça comum. Conseguiu-se também, uma indenização do governo do estado de São Paulo, ao qual a Polícia Militar está subordinada, para a mãe do garoto de 18 anos assassinado.

Inicialmente, foram desenvolvidas intensas atividades para formar aqueles/as jovens para o exercício da cidadania. A seguir, realizou-se um seminário reunindo integrantes das bandas e da diretoria de Geledés para definir conjuntamente a estratégia de implementação da parceria. Os/as jovens definiram que gostariam de conhecer melhor as raízes histórico-culturais do povo negro no Brasil, na África e em toda a diáspora africana. Gostariam que a organização investisse em sua formação política e capacitação musical. Tinham a oferecer aquilo que convencionaram chamar de "sabedoria de rua". Foi selado o acordo. Geledés propôs que trouxessem para a organização as questões e demandas do Movimento *Hip Hop* e da juventude negra. Propôs, também, que eles/as fossem se inteirando e incorporando às discussões travadas nos Movimentos Negro e Feminista.

Assim, a perspectiva de fortalecer o Movimento *Hip Hop*, um dos braços mais ativos e vigorosos da luta anti-racista na cidade de São Paulo, trouxe para Geledés um desafio novo, ou seja, como tratar a questão cultural de maneira politizada, como incorporá-la à organização de forma estrutural e orgânica, como criar um modelo de trabalho com jovens, pautado pela autonomia e incentivo ao crescimento ao invés da tutela. O desafio foi enfrentado e vencido. Geledés vem fomentando, desde 1992, a formação de lideranças jovens capazes de interferir em todos os temas afeitos à juventude e habilitadas, também, a propor políticas públicas que solucionem seus problemas.

A Temática de Gênero

A presença das mulheres vai diminuindo à medida que se passa do rap para o *break* e, finalmente, para o grafite. Algumas rappers dizem que é muito mais fácil para as mulheres serem breakers (dançarinas de *break*) aplaudidas do que rappers respeitadas. Há diferenças substanciais de tratamento entre as breakers e os breakers. As primeiras, em muitas situações, vestem roupas de *lycra* que ressaltam as formas físicas, e parece haver uma definição tácita de que devem vestir-se assim. Arrancam assobios e aplausos da "macharada" que as observa independentemente de sua *performance*. Aos homens, aplaude-se exclusivamente pela radicalidade e perfeição dos movimentos.

Dessa forma, em defesa da supremacia masculina no rap, os garotos inventam uma superproteção para as rappers. Segundo eles, garotas não deveriam andar sozinhas à noite, nem mesmo carregar pesadas caixas de discos. Ao mesmo tempo, as composições de muitos homens têm trechos insólitos, versando sobre prostitutas, modelos de revistas masculinas, enfim, mulheres que os arautos da moral julgam "vulgares". As rappers reagem, discutem com os autores das músicas machistas e também sensibilizam o público feminino para o absurdo de cantarem acriticamente essas composições.

Diante desse quadro, foi criado no Projeto *Rappers*, o "Femini Rappers", visando estimular as jovens negras à reflexão sobre gênero e raça e à produção de atitudes críticas em relação ao racismo e ao machismo. Uma das integrantes do Femini participou da Conferência da Mulher em Beijing, 1995. Quanto ao grafite, o contato com grafiteiras é raríssimo.

Educação Formal e Movimento Hip Hop

As análises educacionais têm avançado na perspectiva teórica que busca compreender as relações de classe presente nelas, mas não têm explicitado os fatores raciais e étnicos que determinam as relações de classe. Os modelos teórico-interpretativos em vigor demonstram grande dificuldade em compreender as desigualdades raciais geradas pelo racismo e pela discriminação racial no Brasil.

Na década de 1980, alguns pesquisadores denunciaram os rituais pedagógicos de silenciamento do/a aluno/a negro/a e dos conflitos raciais na escola. Embora esses pressupostos continuem válidos, pode-se verificar, na escola pública do final dos anos 90, uma hostilidade racial explícita em resposta ao discurso e à atitude crítica dos/as jovens rappers. Essa quebra do silenciamento imposto aos alunos e alunas negros/as e aos conflitos raciais do ambiente escolar, bem como o enfrentamento da apatia na qual a maior parte do alunado negro se encontra em relação a esses problemas, puderam ser verificados no trabalho reflexivo que o Projeto Rappers desenvolveu com essas pessoas. Procurou-se detectar, por meio de depoimentos, destes/as jovens, cuja criticidade e politização das idéias são maiores frente aos/às demais jovens negros/as e brancos/as de mesma origem social. A questão racial, presente nos critérios de exclusão e ausente das discussões, faz com que o alunado negro apresente índices de repetência superiores aos do branco, número maior de saídas e voltas ao sistema escolar e maior percentual de atraso escolar.

Apresentam-se a seguir os tópicos principais aferidos pela coordenação pedagógica do Projeto Rappers, no que concerne à relação de seus/as participantes com a educação formal. Criticou-se a estrutura social na qual a escola está inserida; destacou-se o sentimento de incômodo e desconforto com piadas racistas, legitimadas por colegas e até mesmo professores como "simples brincadeiras", bem como músicas e histórias infantis falando sobre "negrinhos da cor do carvão" e "menininhas da cor de piche"; pontuou-se também o sentimento de isolamento e rejeição no ambiente escolar. Criticou-se a falta de atenção dos/as professores/as para com o alunado negro e exemplificaram-se várias situações em que alunos/as negros/as respondem corretamente a questões simples e são desconsiderados/as, ou a questões mais complexas e, desta feita, não são incentivados como acontece com os demais alunos/as; falou-se da superexigência que certos/as alunos e alunas negros/as se impõem para fugir à subvalorização de suas capacidades intelectuais e cognitivas feita pelos/as docentes. Discutiu-se a

ausência de recursos didáticos que saciem as necessidades do alunado negro de ver suas origens, sua cultura e a história dos povos negros africanos e da população negra no Brasil dignamente representados, bem como o despreparo dos/as docentes para lidar com a cultura hip hop.

Atividades Pedagógicas do Projeto Rappers

Para atender às demandas dos/as rappers elencadas no tópico anterior, foram desenvolvidas durante todo o ano de 1993 cerca de trinta atividades pedagógicas distribuídas nos "Cursos e Seminários Geledés" (aos sábados) e no "Geledés Papo Dez", nas noites de quarta-feira. Foram abordados temas como: o ensino formal *versus* sabedoria de rua; o plebiscito sobre forma e sistema de governo, ocorrido naquele ano; história do movimento negro no Brasil e na diáspora africana; parentesco do rap com outras formas de expressão da cultura negra no Brasil (literatura de cordel, repente e embolada); oficinas de sexualidade e saúde e trabalho intenso para fortalecer a auto-estima de adolescentes e jovens negros/as; história da música (clássica e *jazz*); direitos de cidadania; direitos autorais; violência policial e abuso de autoridade; fortalecimento das associações de rappers; organização das mulheres no meio hip hop; história do Haiti e da Jamaica (ministradas por estagiárias desses dois países nos programas de Geledés); oficinas de português e literatura.

O Projeto julga importante, também, estender essas discussões para as escolas e para os/as jovens que não participam das atividades de formação desenvolvidas em Geledés. Nesse sentido, cerca de cem palestras anuais são realizadas pelos/as multiplicadores/as formados/as por Geledés, em colégios públicos e privados da cidade de São Paulo.

A Revista Pode Crê!

Essa publicação foi idealizada pelo Projeto Rappers e editada por Geledés — Instituto da Mulher Negra de 1992 a 1994. Cerca de 25 mil exemplares divididos em quatro edições foram para as bancas de jornais e revistas e *points* da "galera" hip hop em todo o país. *Pode*

Crê! descortinou a possibilidade da abertura de um mercado editorial para temas de interesse específico da comunidade negra no Brasil. Depois dela, a partir de 1995, surgiram várias outras, notadamente aquela de maior sucesso de público, a *Raça Brasil*. *Pode Crê!*, entretanto, tinha algumas peculiaridades que não permitiram ao Projeto Rappers manter a periodicidade bimensal proposta.

Primeiramente, a *Pode Crê!* era feita pelos/as jovens do Projeto Rappers, que definiam as seções da revista, as pautas, os/as entrevistados/as e tudo o que se relacionava à estruturação de cada número. Segundo, todas as matérias eram escritas pelos/as rappers. Havia um jornalista profissional, encarregado de orientar os/as jornalistas autodidatas da *Pode Crê!* quanto ao formato dos textos. Era sua responsabilidade, também, responder pela publicação perante os órgãos de categoria dos/as jornalistas. A confecção dos artigos pelos/as próprios/as rappers acarretava, freqüentemente, o atraso na entrega, que, por sua vez, impedia a edição na data previamente estabelecida. Terceiro, Geledés não contava com financiamento específico para essa publicação, fator que definitivamente tornou inviável sua continuidade, além dos princípios de não anunciar cigarros, bebidas alcoólicas e produtos que só apresentassem modelos brancos/as.

O Projeto Rappers não titubeia em afirmar que a revista *Pode Crê!* foi o primeiro veículo de comunicação do Movimento Hip Hop com expressão nacional, sucesso de público e de crítica, e também o principal veículo de comunicação escrita da comunidade negra brasileira, num período anterior (1992-94) às revistas negras de circulação nacional. A *Pode Crê!* cumpriu papel importante na impulsão da autoestima da juventude negra e abertura de espaços na grande mídia, para incorporar mais uma parcela da juventude brasileira, apresentada até então como branca e de classe média. A revista *Pode Crê!* veio para dizer, e disse, que a juventude negra tinha rosto e voz ativa e deveria ser contemplada como uma das diversas faces da juventude do Brasil.

Outras Atividades e Eventos

O Projeto Rappers produziu dois vídeos, o primeiro chamado *Pode Crê!* (1992), apresentando as bandas que compunham o Projeto,

Rap e educação

bem como suas propostas; o segundo sobre a I Mostra Nacional de Hip Hop, realizada na estação São Bento de Metrô, principal ponto de encontro do Movimento Hip Hop em São Paulo. Esse evento, além de reunir grupos de várias partes do país, teve sua importância aumentada porque forçou o poder público estadual a reconhecer um espaço cultural conquistado e construído pela juventude negra da cidade de São Paulo.

Em 1994 realizou-se uma discussão com o Comando da Polícia Militar do Estado, em conjunto com a OAB São Paulo, enfatizando o tratamento arbitrário dado a alguns rappers que foram violentamente retirados do palco em um *show* no Vale do Anhangabaú, zona central da cidade, porque cantavam músicas nas quais criticavam a polícia e suas ações truculentas e racistas.

Foram realizados vários *shows* de rap na periferia da cidade e dois na região central, ambos em 1997. O primeiro, na praça Ramos de Azevedo, homenageou os quinze anos do Movimento Hip Hop no Brasil e reuniu cerca de 10 mil pessoas segundo o jornal *Folha de S. Paulo*. O segundo, no Metrô Brás, reuniu cerca de 5 mil pessoas, de acordo com a Polícia Militar, e chamou-se "Geledés e Hip Hop Contra a Violência".

Também foram realizados alguns projetos na área de sexualidade e saúde, tais como: "A Juventude Negra no Farol da Prevenção à AIDS e às DSTs, em parceria com a Aliança Negra Posse, na Cidade Tiradentes, Zona Leste de São Paulo. Esse projeto foi premiado com a inclusão na publicação *Cairo-Brasil: 5 anos de experiências relevantes em saúde, direitos reprodutivos e sexuais*, organizado pela Rede Nacional Feminista de Saúde e Direitos Reprodutivos, entre outras organizações. A obra, nas palavras das próprias autoras, "possibilita enxergar o alcance e o amadurecimento das ações e debates sobre os direitos reprodutivos, gênero e direitos das mulheres no Brasil".

Desdobramentos

O Projeto Rappers, desenvolvido por Geledés — Instituto da Mulher Negra ajudou a constituir o Movimento Hip Hop como interlocutor indispensável nas articulações de juventude; contribuiu para a formação de lideranças comunitárias jovens e outras que atuam nos temas correlatos à vida do/a jovem, habilitando-os/as para os recortes de raça e gênero; projetou algumas lideranças internacionalmente, em especial na Rede de Organizações Negras do Cone Sul, sediada em Montevidéu, Uruguai; fortaleceu nacionalmente a organização política do Movimento Hip Hop no Brasil; e impulsionou também a autonomia das posses (coletivos de bandas de rap).

Outro desdobramento importante do Projeto Rappers é o *Projeto Brio — Igualdade de Oportunidades*, também desenvolvido no âmbito do Programa de Direitos Humanos de Geledés. O Projeto Brio surgiu em 1996 com o objetivo de capacitar profissionalmente jovens negros de 16 a 21 anos, oriundos/as de comunidades periféricas da cidade de São Paulo, com as quais as posses e as bandas integrantes do Projeto Rappers mantêm contato. Os cursos são realizados em parceria com instituições públicas e privadas especializadas em capacitação profissional. A escolha destas é determinada pela premência de mercado, facilidades curriculares, oportunidades de inserção no mercado formal ou obtenção de formas autônomas de auto-sustentação. Já foram oferecidos cursos de atendente de enfermagem, informática, impressora *off-set* e eletricista de automóveis, som, alarme e ar-condicionado. Para 1999 foram programados os cursos de auxiliar de enfermagem (para pessoas negras que já se encontram em hospitais trabalhando como atendentes); técnico em gesso e técnico em raios X e mecânica (motores Fiat e Volkswagem).

MARIA APARECIDA (CIDINHA) DA SILVA, historiadora, especializada em diáspora africana pela Universidade de Howard, Washington, DC, EUA. É coordenadora executiva e coordenadora do Núcleo de Educação e Formação Política de Geledés — Instituto da Mulher Negra; coordenadora do Projeto Geração XXI, uma parceria de ação afirmativa entre Geledés — Instituto da Mulher Negra, Fundação BankBoston e Fundação Cultural Palmares; conselheira do Conselho da Condição Feminina do Estado de São Paulo. Foi coordenadora pedagógica do Projeto Rappers em 1993.

Hip Hop como Utopia

Spensy Pimentel

Para a maioria dos professores daquela 8ª série noturna de escola pública de Itaquera, Zona Leste de São Paulo, Djalma, negro, 18 anos, parecia só mais um moleque indisciplinado e arrogante, estorvo que tornava mais insuportáveis seus baixos salários e as más condições de trabalho.

Certo dia o professor de língua portuguesa solicitou aos alunos um texto sobre a situação do ensino no país e naquela escola em especial. Para seu espanto, o que Djalma entregou era contundente: foi considerada a melhor redação da sala. Ele a leu para todos, a pedido do mestre, e foi aplaudido. Mas o professor não ficou nisso: levou à diretoria a composição e Djalma foi intimado a prestar contas. Mal podiam acreditar que ele tivesse escrito aquilo. O resultado da história foi o mais extremo que se possa imaginar: a diretora da escola acabou por expulsá-lo.

Entre os alunos e professores, um grupo se opôs à resolução. Ensaiaram um movimento em solidariedade ao rapaz, já que a medida parecia radical demais naquele longínquo 1989, alvorada da nova democracia, apenas um ano depois da Constituição.

Mas Djalma nem esperou a iniciativa alheia. Com uma cópia da redação, dirigiu-se à Delegacia de Ensino e à Secretaria Estadual de Educação. Conseguiu apoio nesses órgãos, que consideraram arbitrária a atitude da diretora e exigiram que ele fosse readmitido na escola. No fim das contas, o que lhe sobrou foi mesmo uma suspensão de cinco dias. Toda essa iniciativa parece incrível para um garoto pobre de periferia, praticamente um "favelado"? Examinemos o outro lado da moeda. O rapaz, é bom que se diga, exercia uma espécie de liderança sobre seus colegas e, além disso, demonstrava constantemente um exacerbado espírito crítico, qualidades que, acima de tudo, irritavam muitos professores.

Além disso, na mesma época, a professora de história e OSPB, Edilaine, propunha aos alunos o debate de questões socioeconômicas e políticas, inclusive da educação, tema sobre o qual ela lhes apresentara muitas informações. Dados estatísticos e argumentos que Djalma acoplou à sua experiência pessoal de revolta contra o autoritarismo das estruturas naquela escola pública para compor o famoso texto, em que falava sobre as imposições feitas aos alunos em relação à disciplina e acusava a direção de negligência na organização de eventos extraclasse, entre outras coisas.

Nesse mesmo ano de 1989, nas aulas de OSPB, Edilaine falou em sala sobre Marx e o comunismo, com suas idéias de revolução, tomada de poder pelos trabalhadores para a constituição de uma sociedade igualitária, fim da propriedade privada, luta de classes. Nos anos seguintes, esses temas seriam retomados por um outro professor, Dimas, que ensinava filosofia e sociologia, mas tudo começou foi mesmo na época em que Djalma quase foi expulso. Para um espírito tão questionador, em busca de respostas para os problemas sociais, foi o suficiente para despertar um furor autodidata de fazer inveja a muito universitário.

Corriam os anos em que o hip hop florescia nas Cohabs, favelas e cortiços de São Paulo. Na estação São Bento do Metrô, na praça Roosevelt, milhares de jovens se reuniam nos fins de semana para dançar *break*, bater em latas de lixo cantando raps improvisados, mostrar desenhos e fotos de grafites, celebrar a "cultura de rua".

Ao mesmo tempo, entre outras coisas, seguindo uma sugestão de um certo Milton Salles, velho freqüentador dos bailes *black* de São Paulo, grupos de jovens *breakers*, *rappers* e grafiteiros passaram a formar as *posses*. Essas "associações" de hip hop pipocaram pela periferia de São Paulo.

Djalma, é bom que se diga, participava de um grupo de rap, o Rap Ataque, que mudou de nome para Extrema Esquerda Radical, bem na época em que ele passou a ler sobre o comunismo. Ele começou com "O que é marxismo?", da coleção Primeiros Passos, mas depois se aprofundou de tal modo nos estudos que passou a reunir o irmão e os amigos para formar grupos de discussões nos fins de semana.

Debatiam obras de Marx, Che Guevara, Lênin, Weber. No terceiro colegial, Djalma já era conhecido como Nando Comunista.

Conheceram os integrantes da *posse* Força Ativa, na época baseada na Zona Norte, e passaram a freqüentar suas reuniões a convite de Skema, um rapper da posse que também tinha idéias comunistas, mas não conseguira ainda introduzir a temática política no hip hop, completamente tomado, naquele tempo, pela discussão da questão racial.

Mais tarde a Força Ativa transferiu-se para a Cidade Tiradentes, bairro da Zona Leste, para onde a família de Djalma se mudou. Lá a pregação do comunismo aprofundou-se e passou a ser a marca registrada da *posse* — que, aliás, atualmente é um Núcleo Cultural.

Hoje, com uma apaixonante indiferença à queda do Muro de Berlim, considero esses jovens como alguns dos militantes políticos mais sinceros que já encontrei. Em seus raps, jaquetas, bonés, toucas e camisetas, cheios de símbolos e palavras de ordem, a idéia fixa é divulgar a descoberta marxista da "luta de classes", em sua opinião, a raiz de nossos problemas sociais, bem mais do que o preconceito racial. Sua idéia essencial é que, se um negro ascende socialmente no capitalismo, está reproduzindo a exploração de um homem sobre outro homem que antes o oprimia: a desigualdade social não é resolvida.

Eles também põem em prática suas idéias participando de atividades comunitárias — como uma campanha pela construção de uma biblioteca no bairro — ou políticas, militando em partidos de esquerda como o Partido dos Trabalhadores e o Partido Comunista do Brasil que apoiem candidatos da região. Em 1998, um dos membros da *posse* aproveitou a participação num programa de TV da Rede Vida para recomendar aos telespectadores o livro "O que é a Revolução?", de Florestan Fernandes. Deu até na *Folha de S. Paulo*...

Uma nova utopia

Presenciamos nos últimos 15 anos o desmonte em escala mundial de uma realidade que apoiava um sonho de cem anos: o socialismo marxista-leninista. É comum ouvir que se acabaram as ideologias, o capitalismo venceu e é o sistema político-econômico mais capacitado

Rap e educação

para efetivar o bem comum etc. Afirmações desmentidas dia-a-dia pelo agravamento do desemprego, da violência e das tensões sociais cada vez mais insuportáveis. Para um adolescente, o vazio pode parecer opressor. Na escola, um conjunto de disciplinas que quase sempre não dá conta da situação vivenciada por esses jovens no cotidiano. A ligação de muitos com as igrejas e a própria religiosidade se desfaz; no debate político, tudo é recoberto pela burra unanimidade da mídia, que elegeu FHC como césar e prefere considerar qualquer discurso de preocupação com o caos social inconsistente. Para sobreviver, a muitos resta apenas a alternativa da marginalidade.

"Eu poderia estar morto hoje, não fosse o hip hop." A frase pode parecer por demais apelativa, mas é, nada mais, nada menos, do que aquilo que se ouve de jovens de Brasília, Rio de Janeiro, São Paulo (e em pesquisa registrei a frase em todos esses lugares) e tantas outras metrópoles brasileiras.

O hip hop, que emerge nesse nosso fim de século tão desencantado, é um movimento que afirma a identidade do jovem de periferia, propõe a ação, o auto-aperfeiçoamento, a expressão e o autodidatismo. Autêntica utopia em meio a uma aridez sem precedentes no espírito mundial, é capaz de aglutinar em torno de si dezenas, talvez centenas de milhares de jovens que se tratam por "manos", deixando transparecer essa espécie de fé tênue que lhes traz a sensação de fraternidade. Entre esses numerosos irmãos, com realidades tão semelhantes, o caso de Djalma é exemplar porque representa bem as barreiras que precisam ser vencidas pelos professores para que as potencialidades presentes nos próprios jovens possam ser desenvolvidas.

O hip hop, ideologicamente, é como sua música. Numa base simples de princípios que incluem a paz, o respeito ao próximo e a auto-valorização, encaixam-se as influências mais variadas. Se o DJ usa retalhos de músicas "consumidas" pela indústria cultural para criar outras músicas (como os favelados fazem suas casas com restos de "lixo"), os ideólogos do hip hop apropriam-se de cacos de ideologias e compõem seu próprio rol particular de crenças, que podem até parecer desconexas para os de fora, mas têm uma lógica bastante clara para quem participa do movimento.

Assim, as idéias do comunismo convivem bem com elementos do cristianismo e das religiões afro-brasileiras. Líderes como Martin Luther King e Malcolm X figuram ao lado de Zumbi e Dandara. Uma música pode samplear Jorge Ben, outra, Roberto Carlos, Chico Buarque ou Bezerra da Silva. É bem verdade que muitas vezes a questão negra pode se impor, mas nada impede que até mesmo um notório "radical" como Mano Brown troque os "branquinhos" atacados em suas letras pelos "playboys", conforme o humor.

Apesar disso, como em qualquer ação coletiva, nem tudo é completamente harmonioso. Há desentendimentos declarados, como entre os rappers de Brasília, ou em São Paulo, com o Pavilhão 9. E há discordâncias veladas, como em relação às concessões que se pode fazer à mídia, ou a velha questão do preconceito (racial ou social?) — aliás, um dos grandes paradoxos que ocupam não só o hip hop como o movimento negro brasileiro de forma geral.

O fato de muitas ideologias colarem-se ao hip hop não significa que cada um dos jovens concorde com todas elas. Entretanto, o famoso princípio do respeito mútuo consegue harmonizar a maioria das disputas. A única exigência definitiva é a lealdade à periferia, esta sim a grande mãe de todos os manos, acima de tudo. Negar as raízes é condenar-se ao ostracismo.

As divergências citadas podem parecer um fator de enfraquecimento do hip hop, à medida que o impediriam de assumir uma centralização, com diretrizes constituídas — degrau natural na evolução de qualquer movimento social, segundo alguns teóricos. Porém, para cientistas sociais como Helena Abramo, é justamente na pluralidade de pontos de vista que reside sua força, tornando-o capaz de se adaptar aos mais variados contextos.

Toda ideologia cujo mote seja a transformação da sociedade é bem-vinda ao hip hop, desde que pregue a mudança, a "revolução", como se sua grande exclamação fosse uma negativa: "Não queremos mais as coisas como estão!" Até mesmo a gama de significados que essa palavra, "revolução", adquire entre eles pode dar uma noção sobre a pluralidade no movimento. Se há, num extremo, os comunistas da Força Ativa, que pregam a revolução armada, há, no outro, os

Rap e educação

que desejem apenas uma "revolução de idéias", como veremos mais à frente. Tal demanda por idéias "revolucionárias" pode, é bem verdade, ser estendida para os jovens de forma geral. Numa entrevista recente, publicada no dia 31/3/1999 na revista *Veja*, a educadora carioca Tania Zagury resumiu bem a questão: "Toda geração de jovens precisa acreditar que vai salvar o mundo, que resolverá problemas que seus pais não conseguiram solucionar. É assim que se progride".

Contudo — e apesar até mesmo do alcance hoje mundial do movimento — em especial nosso hip hop, que emerge num país onde um abismo de desigualdade social se reflete na cultura — demonstra-se um fenômeno quase absolutamente característico de uma população pobre ou miserável. A tal ponto que pouco destaque lhe dá a mídia em geral, direcionada para a massa de consumidores de cultura de classe média.

Nesse contexto, à medida que o rap, o grafite e o *break* expressam a realidade dos alunos da escola pública (o que é atestado pelos depoimentos dos próprios jovens e pela atual repercussão do movimento na periferia), o hip hop pode servir ao educador como forma de penetrar no imaginário do aluno e descobrir as razões que geram a atual falta de interesse pelo ensino regular, para então desenvolver estratégias que recuperem o papel da escola como palco de uma verdadeira educação, pautada pelo diálogo — que pressupõe ação e reação de estudantes e professores.

Um diálogo possível, como ilustra o caso de Djalma, é muitas vezes interessante para ambos os lados, a exemplo do que mostra certo episódio envolvendo os então candidatos a senador, Eduardo Suplicy, e a presidente, Luís Inácio Lula da Silva, nos bastidores de um comício organizado pelo PT na campanha para as eleições de 1998. Os discursos e *shows* se alternavam e, pouco antes de eles subirem ao palco para falar aos mais de 5 mil jovens do hip hop ali presentes, receberam a inesperada instrução de um dos rappers do grupo paulistano DMN: "Quando vocês forem falar, tentem não se alongar demais e evitem as palavras difíceis, certo?" Se até os políticos mais tarimbados têm a aprender com essses jovens, por que nós não os ouvimos então?

Rap é educação

Por meio de entrevistas com alguns dos principais expoentes do hip hop no Brasil realizadas para meu trabalho de conclusão do curso de jornalismo na USP ("O Livro Vermelho do Hip Hop", 1997) tentarei agora apresentar os principais pontos de vista do movimento no país.

Princípios

Algumas questões levantadas pelo hip hop permanecem em aberto até mesmo para os maiores e mais famosos "teóricos" do movimento, ou seja, os rappers com maior repercussão pelo país.

No plano político está a lacuna mais evidente — e o assédio explícito de determinados partidos ao movimento mostra que urge apresentar opções e oferecer possibilidade de escolha ao hip hop.

Thaíde (que forma dupla com o DJ Hum) e KLJay (dos Racionais) expressam bem os dois extremos da pluralidade no movimento. "O objetivo não é tomar o poder, ter um presidente da periferia, mas fazer com que o pobre saiba votar bem, consciente, exigindo seus direitos, para que um dia tenhamos nossas ruas com nomes de heróis negros, escola para todos. Nós só queremos também fazer parte da festa, da sociedade, a gente não quer ser penetra, marginal", diz Thaíde, evidenciando a crença de que a democracia ainda pode oferecer soluções para a periferia.

KLJay, por sua vez, identifica a origem dos problemas de seu povo com as bases do sistema capitalista: "Estudando história, você vê que tudo hoje é fruto da exploração do homem pelo homem. Não é possível que todo mundo seja rico um dia: para ser rico é preciso explorar o próximo, de alguma forma". A nosso ver, tal debate pode ser levado para a escola, apresentando-se as novas alternativas de organização popular que têm surgido, como as comunidades anarquistas em Chiapas, no México, sustentadas militarmente pelo Exército Zapatista de Libertação Nacional, ou os Movimentos dos Sem-Terra e dos Sem-Teto no Brasil.

Em especial, chamam a atenção as iniciativas locais, envolvendo pequenas comunidades e não necessariamente buscando a tomada do governo central no país, hoje solapado pelo poder econômico das corpo-

rações internacionais. Busca-se o controle da política local, comunitária, o que evoca diretamente velhos conhecidos nossos, os quilombos. Veja que belo prato para um professor de história, por exemplo.

Passando para a questão racial, persiste uma gama variada de opiniões. Enquanto os rappers comunistas da Zona Leste de São Paulo defendem a "luta de classes" como verdadeiro debate, acima de todos os outros, jovens da *posse* Haussa, de São Bernardo do Campo, convertem-se ao islamismo e adotam idéias dos negros muçulmanos norte-americanos.

Entre os rappers de maior destaque, o debate não atinge tais extremos, mas nem por isso há um só ponto de vista. Aqui prevalecem também as diferenças regionais. "Bala na cabeça é tanto para o negro quanto para o branco", diz Gog, de Brasília, onde a presença de uma maioria de nordestinos nas cidades-satélite atenua a discriminação racial.

Já em São Paulo, em diferentes visões, o racismo surge com toda a força. "A questão no Brasil é o dinheiro. Aqui, se você tem dinheiro, pode até ser verde com bolinha azul. Agora, se for pobre, é preto...", diz Thaíde. "De que adianta ser um preto bem-sucedido, se não está nem aí para o nosso povo?", ataca KLJay.

Novamente, acreditamos que os professores podem colaborar com o hip hop no avanço desse questionamento, ajudando os jovens a descobrir as raízes históricas do preconceito racial, intrinsecamente relacionadas ao surgimento do capitalismo.

Alguns intelectuais (inclusive negros) tentam descaracterizar a leitura de nosso racismo que o hip hop brasileiro promove, alegando que ela copia fórmulas norte-americanas, inviáveis em nossa realidade. Certos rappers demonstram estar mais à frente nesse debate do que seus opositores.

"Dizem que o negro brasileiro tem de encontrar sua própria identidade, saber quem foi Zumbi. Mas Zumbi não deixou nada escrito, sua história foi contada pelos brancos, nem dá para saber até hoje qual a verdade ou não a respeito dele. Por isso é que a gente estuda o que os americanos escreveram. Eles mostram como nós podemos nos organizar, de que forma e contra o que temos de lutar... No Brasil não há negros que tenham deixado essa herança. Quando a gente começou

Rap é educação

a ouvir Public Enemy, ler a autobiografia do Malcolm X, vimos que a situação dos negros dos EUA era parecida com a nossa. Parecida, mas não igual. A mistura de raças aqui colabora para que o povo esteja numa situação ainda pior que a deles, porque o brasileiro é enganado, pensa que está sendo ajudado pelos brancos", lembra KLJay.

E, finalmente, para os que ainda vêem o hip hop como um concorrente de instituições como a igreja e a escola, os depoimentos e ações dos jovens do movimento demonstram que, ao contrário, pode haver no rap, no grafite e no *break* um incentivo ao interesse pela escola e à participação na vida religiosa e política.

A despeito de críticas ao papel político que a Igreja Católica desempenhou ao longo da História, alusões à crença no Deus cristão são constantes no hip hop, não só nas letras de rap, mas também nos depoimentos pessoais dos DJs e MCs.

"A igreja apoiou a escravidão: quando a coisa dava dinheiro, ela também estava lá ganhando o dela. É por isso que eu acredito no Cristo preto, de cabelo crespo, que vivia entre os mendigos e os leprosos. Ele importa, não a igreja", diz KLJay. "Não acredito em mudança pela violência. Violência gera violência. E eu sou cristão", professa Gog.

As alusões às religiões afro-brasileiras são mais raras do que se poderia esperar de um movimento que tenta resgatar a identidade negra. Porém, não se pode precisar até que ponto esse fato não é resultado da histórica discrição que o candomblé e a umbanda aprenderam a manter diante do preconceito que as tacha de demoníacas. Para Thaíde, "o candomblé é mais que religioso, é uma condição cultural. A religião é Deus, ele é um só para toda a humanidade". Quanto à educação, a despeito de um verso de Mano Brown como "a rua me atraía mais do que a escola", que não passa de um diagnóstico bastante preciso da realidade para um jovem de periferia hoje no Brasil, o hip hop costuma exaltar a importância dos estudos, e não conheço rapper que despreze o ensino. "Até nas letras a gente tem de ir se aperfeiçoando, mesmo com a gramática, ir ao dicionário de vez em quando, ler bastante", diz X, do Câmbio Negro, grupo de rap de Brasília.

Rap e educação

"Temos de pregar o autodidatismo na periferia, o moleque tem de aprender sozinho a verdadeira história, que a escola esconde. Se todos os negros soubessem essa história, a coisa seria diferente. A gente não tem de ensinar, tem de despertar o que já está dentro de quem nos ouve, a pessoa é que tem de aprender a buscar o conhecimento. Eu me lembro da escola, quando tinha 13 de maio a professora mostrava a figura do escravo com a corrente no pé, eu pensava 'esse sou eu?' Ela contava que a princesa Isabel aboliu a escravidão. Nunca disse que foi aquele negro por si que conquistou a liberdade", lembra Thaíde.

"Precisamos de União, Estudo e Estratégia. Supondo que o povo tomasse o poder numa revolução, quem ia administrar o governo? Hoje, pouca gente da periferia teria condições para isso. O negócio é ser autodidata. Claro que a faculdade pode ser um aperfeiçoamento, mas muita coisa você pode estudar sozinho. Se eu não tivesse o hábito de ler, ir ao dicionário, nem saberia o que quer dizer 'imperialismo', por exemplo", argumenta KLJay.

Como se pode ver, ao contrário do que muitas vezes parece ao espectador da grande mídia, a ética e as ideologias relacionadas ao hip hop oferecem bons ganchos para o professor do ensino fundamental e médio iniciar um diálogo com os alunos, resolvendo o impasse corrente nos dias de hoje entre a expectativa dos estudantes e aquilo que pode oferecer o ensino regular (sobretudo o público). "Ninguém educa ninguém. Os homens se educam entre si", dizia o educador Paulo Freire. Pois vejamos então o que o hip hop tem a ensinar. Numerosos casos mostram que a colaboração pode render bons frutos, melhores cidadãos e a perspectiva de um futuro mais digno e rico para a periferia.

SPENSY PIMENTEL, 23, é jornalista, autor de O livro vermelho do hip hop (no prelo).

Alunos, estes Desconhecidos

Sandra Santos

A floresta adora, quando a chuva molha,
O luar a toca, vem o homem e a corta.
Ela faz amor ao sentir o calor
Da manhã que lhe reina, vem o homem e a queima
Ela dá carinho pra qualquer bichinho
Da mais bela raça, vem o homem e caça
Nela nascem flores na florida estação
Pro homem levar pro seu caixão.

Não perca tempo, alerte a nação
Podem faltar flores para enfeitar o seu caixão.

Flores (para o seu caixão)
Athalyba e a Firma

A senhora professora, ou o senhor professor, já se sentiu impotente diante de uma situação incontrolável? Entrou na sala de aula, não sentiu a correspondência dos alunos e se lembrou da última reportagem que falava de atentados contra professores e assassinatos de estudantes em escolas da periferia? Já teve medo de presenciar ou sofrer algum tipo de violência partindo dos alunos?

Previno, desde já, que esse texto não foi produzido em bancos acadêmicos; ele é cria de experiências que vivi lecionando história durante quatro anos em escolas públicas da periferia leste da cidade de São Paulo. O nome do estabelecimento não importa — poderia ser qualquer um, de qualquer região urbana do país — e tampouco a identidade de seus alunos — jovens mal compreendidos e desinteressados não são raros em nossa sociedade.

Rap e educação

Talvez, para começar esse diálogo, fosse bom lembrar de quando éramos jovens e queríamos ser compreendidos. Da rebeldia muitas vezes bloqueada pela censura ou pelos conflitos de gerações. Hoje os adolescentes podem falar, vêem de tudo pela TV, nem sempre em programas bons — na maioria das vezes de má qualidade, violentos, pornográficos. Aliás, nos dias que correm, deseducação é moda. O jovem, sem onde se apoiar, muitas vezes tende a imitar tudo isso... ele está numa fase de experimentação.

Qual o papel do educador? O que é educar? Acima de tudo compreender. Auxiliar, dar a mão, não censurar, mas exemplificar. Não existe nada pior para o adolescente — que quer descobrir a vida — do que um ditador. Um tio, ou tia, que senta e fica mandando, dizendo que foi assim... que d. Pedro fez... que temos governadores para governar... que o povo tem de obedecer... ou, caso extremo, fazendo discursos inflamados contra o salário pago aos professores, falando mal dos políticos de uma forma totalmente caótica e desorientadora, sem dar alternativas de ação social e política dentro do estado de direito constituído.

Existem, ainda, professores que tratam o aluno como entidade atemporal, que não vive na sociedade; como se não fosse de carne e osso, mas apenas um espectador da sociedade. Nada pior, também, que mostrar personagens históricos como seres fantasmagóricos, efemérides, sujeitos que vieram para exemplificar, mostrar... predestinados...

— Professora, o d. Pedro não ia ao banheiro? Ele não "transava" com a d. Leopoldina? Como o Pero Vaz de Caminha escrevia? Ele trouxe máquina de escrever? Ou era com pena de ganso? Por que tudo tem de ser tão chato?

— Por que os meus alunos são desinteressados? Tão apáticos?

— Por que a minha professora não me entende? Quando ela sai da escola vai para onde? Entra num disco voador e hiberna até a próxima aula? Ela não vive no mundo, não? Tanta coisa acontecendo e ela falando de Iluminismo... de Platão... de ditadura militar...

— É, a vida tá difícil: acabou a luz lá em casa por falta de pagamento... as panelas estão quase vazias e a dentadura da minha avó quebrou... quase não sobra dinheiro para pegar o ônibus para vir à aula e ela me pergunta se eu fiz a lição de casa... como eu posso pensar em lição de casa?

Rap é educação

— Os homens estão brigando lá do outro lado do mundo... o que eu tenho com isso? Tem uns políticos aqui na cidade que são corruptos... e daí? A minha turma tem um encontro "marcado" com a "gangue do mal", vamos preparados... ou a gente "faz" eles ou eles acabam com a gente...

Professora, o que há de errado com a sua classe?

Nada ou tudo... são adolescentes no, talvez, pior período da história deste século. Não há limites... a Família não se impõe, a Igreja não se interessa e não interessa a ninguém, a Escola se omite. Justamente as três instituições que poderiam gozar de maior crédito entre os jovens, que poderiam ser base para realizações, não querem saber deles... ou, antes, querem que os jovens as procurem, as entendam, se encaixem em sua fileiras e padrões... mas não compreendem os jovens, os vêem como meros números, os bombardeiam com uma série de "não-podes" — não pode palavrão, não pode gíria, não pode sexo, não pode droga, não pode... não pode... não pode!

— Viver pode, professora? Viver pode, pai e mãe? Viver pode, sr. sacerdote?

E, se você leciona na periferia, a situação pode ser pior. Por questões históricas, exaustivamente estudadas[1] (escravidão, discriminação, pobreza etc.) sabemos que a maior parte dos jovens dos bairros mais distanciados do centro é negra e mestiça e, portanto, carrega maior ônus do que os outros. Além de saberem que moram num local desprestigiado, "barra-pesada" e carente do básico, sentem a discriminação racial; eles não são bobos... os próprios "mestres" os tratam como gente de segunda categoria; por mais que tentem disfarçar não lhes dão o mesmo tratamento que dispensam aos alunos daquele *outro colégio* de localização melhor.

— Afinal de contas eles vão ficar por aqui mesmo, não vão chegar às melhores universidades; vão, no máximo, prestar um concurso público de baixo escalão... serão donas de casa... motoristas de táxi... talvez prostitutas e traficantes...[2]

Rap e educação

Os meninos e meninas da periferia sabem que sua vida vale menos que a dos meninos e meninas dos Jardins; sua dignidade acompanha a cotação do salário mínimo e não o dólar comercial. A auto-estima é baixa. Precisam provar que também podem: sobreviver, freqüentar *shopping centers*, assistir ao filme da moda, se vestir bem.

Querem que os ouçam. Então, alguns vão para a violência e outros... bem, outros fazem música... cantam suas preocupações de forma quase falada, gritada... num ritmo estranho para os ouvidos acostumados a escutar as "músicas de qualidade", aquelas aprovadas pelos intelectuais que não se arriscam a caminhar a pé pelas ruas. Professam o marginal... são rappers. E esses "ritmistas poéticos" falam da violência e do desamor ou, antes, do amor humano não correspondido pela sociedade altiva... pela "playboyzada" que tem carro do ano e muito dinheiro para gastar sem ter de "ralar" para consegui-lo.

Professora, você já parou para ouvir a música das ruas? Talvez já tenha notado que os "manos" estão cantando na "EMETEVÊ", ganharam alguns prêmios de público... mas já parou para ouvir a letra? Já prestou atenção na possibilidade de construir uma aula a partir desse "documento"? O documento vivo das ruas.

Preste atenção, eles falam a linguagem com a qual sua sala está acostumada:

> [...] *Pra acordar a população pra a importância*
> *do voto e participação. Não me venha falar que não. Que o seu voto não*
> *vale, não pode, não fede nem cheira. Que essa coisa de eleição é uma*
> *tremenda besteira. Miséria, doença. Mazela e todo mal que se aplacar,*
> *no fundo é conseqüência do seu erro ao votar. Então alinhem suas canetas*
> *aos nossos scratchs. Enquanto houver poucos com muito e muitos pobres*
> *sem nada, vamos dar um fim em toda palhaçada*
> [...] *Está lançada a sorte, morte à indiferença*
> *e ao conformismo daquele que sofre mas, porém, não se mexe.*
> [...] *é hora, caneta pra fora, cabeça da hora e ninguém vacilar.*
>
> Não parem o scratch
> Athalyba e a Firma

Rap é educação

Professora, que tal mudar um pouco de documento? Se é que livro didático pode ser realmente classificado como documento!

A matéria-prima ideal, perfeita para uma aula de história, sociologia e até filosofia pode estar nas vozes da rua que, na realidade, nada mais são do que a voz do seu aluno! Expectativas, anseios e experiências de suas, ainda, curtas vidas!

É de bom-tom, professora, nunca menosprezar os seus alunos. Eles podem não ter a experiência teórica — não leram tantos livros como você — porém, têm a experiência de vida... eles não são bobos, têm televisão em casa; rádio também; têm acesso a cinema, videogames; microcomputadores, e, pode acreditar, transitam a pé pelas ruas... com certeza já viram, sentiram, observaram muito mais do que você ou seus pais no período em que tinham a mesma idade. Hoje o mundo corre mais depressa... o que causava espanto há trinta anos, hoje é matéria de todo o dia... há dez ou quinze anos não se expunham preservativos em balcão de farmácias... Hoje, os encontramos em qualquer supermercado e todos sabem usar! Inclusive eles...

Refrão: A arma que temos
camisa-de-vênus

De onde ela veio, pra onde ela vai
Quem é o criador da doença fatal, letal
Dizem, foi criada num laboratório
Ou é castigo do céu, desgraça
De tudo que se sabe só se tem uma certeza
De um coisa
A AIDS mata

Quem vê cara não vê AIDS (...)

Camisa-de-Vênus — idem
Athalyba e a Firma

Tome como ponto de partida, em suas aulas, assunto, frase, palavra ou idéia que eles mesmos levantarem. Transforme esse mote em possibilidade... encaixe no tema do dia.

Rap e educação

Você deve preparar a aula, claro, mas não usar essa *pré-organização* como uma camisa-de-força, uma coisa estanque, sem possibilidade de maleabilidade. Tenha "jogo de cintura". Seja maleável; treine o raciocínio rápido e lógico; amolde sua aula às discussões que forem surgindo na sala. Lembre-se de que a base (tema) é a mesma, mas a sua abordagem depende dos alunos, dos seus níveis de interesses. Eles fazem parte de um mundo e de uma realidade que pode ser diferente... a vivência e a sobrevivência determinam reações e experiências de vida distintos.

Nunca pré-julgue, não rotule o jovem, nem todos têm as mesmas aptidões. Hoje, documentos podem ser cartas, jornais, gibis, filmes, novelas e músicas (rap, por exemplo). Procure descobrir qual a linguagem do seu público, estenda a sua compreensão a ele...

Preparando uma aula

Darei um exemplo partindo da letra do rap *Política*, do mesmo grupo que temos utilizado ao longo desse texto:

> *Nossa vida mais e mais ficando crítica*
> *Basta olhar que você vê que a vida cívica*
> *deteriora tanto quanto a coisa pública*
> *quanto choro, quanta fome, quanta súplica*
> *quanto nojo de saber que gente estúpida*
> *de mamatas vão vivendo na república*
> *chegou lá sem declarar riqueza súbita.*
>
> *Joga o jogo de enganar postura física*
> *de enganar figura lá postura cênica*
> *vem política estúpida e anêmica*
> *vem política raquítica, cínica*
> *choque vai, vem inflação de forma cíclica*
> *nem precisa consultar a estatística*
> *pois de fato a gente sente a vida rústica*
> *que não há como mudar o tom da música*
> *pois vai mudar, vai melhorar, vai ficar nítida*

Rap é educação

sua alegria de viver será explícita
nos palanques bem montados, boa acústica
são patéticas promessas de política.

Refrão: de política em política
de política em política
de política em política.

Essa política gerando gente cínica
o povo mais cada vez ficando cético
gabiru será um dia milimétrico
são escândalos, processos quilométricos
são seqüestros, falcatruas sem inquéritos
ser parente se promove pelo mérito
superfaturada a comprar, coisa lícita
divulgado o resultado da balística
só se tinha um tiro certo para océfalo
deram dois na inflação, efeito ínfimo
galopante volta a fera, segue o ritmo
qual doença degradando o corpo aidético
então o político declara ser o médico
diagnostica que a cura é pelo empréstimo
com certeza vai querer morder o dízimo
e ao problema ele receita um analgésico
e toda a verba vai pro bolso dos corruptos
e todo o povo ajoelhado ante o púlpito
ora a Deus, pede luz para o facínora
Encarnado na figura do publícola

Refrão

Avanço no futuro, cibernética
com videogame, disc-laser, informática
mili-dados vão na fita magnética
e essa política atrasando o Sul da América
demagogia se tornando vida prática
recessão na economia, mais estática

Rap e educação

a gente não sabemos nem uma gramática
e na saúde como a coisa está dramática
se ganho vinte: noves fora matemática
lá vai imposto numa construção lunática
Teve debate na TV, caiu na sátira
lobbies lobos lambem lá de forma sádica
outros bobos querem resolver na mágica
alguns acharam a solução compondo máximas
outros já preferem agir de forma tácita
e tudo vai se aprofundando na retórica
e de política o povo está com cólicas
e vai levando na sua vidinha módica
quando o que dá risadas, sente cócegas
do salário de miséria, coisa cômica
parlamentarismo, monarquia ou república
muda o nome e terão todos forma única
se não se mudar a mentalidade lúdica,
o modo de encarar a coisa pública
enquanto isso a esperança mais umbrícola
secando a roupa no varal, ainda úmida
o sol batendo numa gota d'água fúlgida,
que será de nós e nosso habitat...
sujando as mãos nós limparemos a política
a inflação é conseqüência desse cólera
e todo mal que nos assola é uma alíquota
cujo montante principal é a política
essa política sem lógica, sem nexo
essa política do próprio paradoxo
essa política larica mais que tóxico
essa política do fight bem no plexo
essa política que não respeita sexo
essa política perdida em circunflexo
essa política mentiras em anexo
essa política do choque heterodoxo

Refrão

Rap é educação

É importante que você ouça a música algumas vezes (qualquer que seja ela)[3]. Estude a sua letra e perceba o seu ritmo, pois a "batida" conduz a letra e o envolvimento do ouvinte com o assunto tratado.

Ao observar a letra é importante que você anote todas as possibilidades de abordagem. Sublinhe o que achar importante e prepare a aula tentando "adivinhar" todas as questões que poderiam ser levantadas a partir de sua audição e/ou leitura. Aí, sim, busque subsídios bibliográficos para dar uma boa aula e responder questões sobre, por exemplo, origem de determinado problema (pobreza, inflação, preconceito, segregações, violência, problemas econômicos etc.) — não se esqueça de que a aula é de história, mas as perguntas sobre o significado de palavras como umbrícola,[4] por exemplo, podem aparecer — tenha sempre um dicionário por perto e faça-os procurar em conjunto. Por outro lado, grupos de professores de diferentes disciplinas — geografia, história, língua portuguesa etc. — poderiam se unir e praticar a tão saudável e necessária, quanto esquecida, interdisciplinaridade.

Considerando também que o jovem queira aprofundar a questão em casa indique livros que possam ser facilmente encontrados em bibliotecas públicas e filmes que abordem a questão e estejam em cartaz nos cinemas ou sejam encontráveis em videolocadoras de bairro.

Na aula, deixe que debatam, discutam seus pontos de vista e criem possibilidades de questionamento e vontade de saber mais. Proponha que façam grupos para trabalhar o tema da forma que lhes convier — realização de fanzines; elaboração de músicas/letras; e realização de filmes em vídeo; peças de teatro; exposições na escola (de fotos, cartazes, recortes de jornal, festival de música, festas temática). Proponha que "descubram" soluções para problemas que o atinjam de perto (trabalhos voluntários, melhoria da segurança da escola, valorização do espaço de vivência escolar etc.). Proponha debates em forma de "tribunal" — com jurados, defensores, acusadores, testemunhas, juiz, assistência etc.

Faça o jovem se sentir participante; ele deve perceber que faz parte das engrenagens sociais. Que ele faz diferença. Que a história não é feita somente por personagens iluminados... que o seu tataravô

Rap e educação

foi contemporâneo de pessoas como Rui Barbosa e Olavo Bilac e, daqui a alguns anos, seus netos saberão que ele viveu no tempo do presidente Fernando Henrique Cardoso que participou (ou não) de movimentos para melhoria do país. Todos fazem diferença. Todos podem participar ativamente da sociedade, como cidadãos, ou se omitir — é uma escolha que todos podem fazer.

Divida a sala em vários grupos, não muito grandes nem muitos pequenos (cinco pessoas é um número razoável), e levante grandes eixos temáticos como: Situação Brasileira na Atualidade e Trajetória Histórica do Brasil. Proponha, então, a realização de pesquisas e divida temas entre os grupos: economia, política, sociedade; peça para um dos grupos se encarregar do texto e descobrir o significado das palavras que mais causam problemas de entendimento para a classe; encarregue outro de pesquisar mapas de referência e/ou filmes. Para todos eles indique bibliografia específica e prazo para apresentação do trabalho proposto.

Num segundo momento, promova uma redivisão da sala de maneira que os grupos originais se desfaçam e seus membros se juntem a colegas de outros grupos. Assim formar-se-ão grupos com um "especialista" de cada um dos assuntos estudados na primeira etapa; grupos mistos em que cada um dos membros terá uma experiência diferente para passar aos demais e, então, prepararem um trabalho com uma visão mais ampla sobre a realidade brasileira apresentada pela música e enfrentada no dia-a-dia por todos nós. Dê mais um período de preparação e marque um dia para a apresentação do trabalho.

Notamos que a forma de apresentação das pesquisas até aqui realizadas deve seguir a decisão de cada grupo. Deixe que os alunos escolham, para a apresentação, entre as várias formas ditadas por sua própria criatividade. A avaliação pode ser feita tomando como base a "clareza da exposição" e uma forma de fazer isso é averiguar se a sala entendeu o que o grupo quis dizer com o trabalho, se os assuntos pertinentes ao tema foram contemplados. O importante não é "dar uma nota" para os alunos, mas se certificar de que todos captaram a mensagem e podem usar a experiência para entender melhor o mundo e o seu próprio papel na sociedade.

Rap é educação

Finalmente, uma terceira etapa pode ser proposta. Juntando a classe, escolhe-se uma forma de trabalho que envolva a todos. Junto com os alunos verifique a possibilidade de organizar uma peça de teatro, um festival de música, uma mostra de vídeo — filmados por eles mesmos — ou um tribunal, que possa ser exibido para a escola inteira. Isso pode ocorrer paralelamente a uma exposição de fotos e cartazes organizada pelos alunos.

Essa é uma forma de envolver os seus alunos e fazê-los participantes de seu próprio aprendizado, sem pressões desnecessárias, e da construção de sua própria cidadania. É importante que alunos e professores, caminhantes de uma mesma estrada, possam se enxergar como amigos e cúmplices e não como inimigos tácitos.

Notas:

1. A abolição, oficial, da escravidão negra no Brasil ocorreu em 13 de maio de 1888, portanto há apenas 111 anos. É pouco para a total reorganização socioeconômica e psicológica de um grupo que sofreu durante mais de três séculos as agruras do trabalho forçado, considerado no mesmo nível de animais de carga... E parece ser pouco, também, para uma sociedade que cresceu à sombra do estigma do preconceito com relação ao trabalho braçal, como forma de sobrevivência, e à cor da pele, como cartão de visitas. Após o decreto da princesa Isabel, não houve sequer um movimento — como o feito pelos abolicionistas — que propusesse a integração desses ex-cativos à sociedade; eles foram simplesmente colocados na rua sem direitos, sem alimentação... foram esmolar, roubar ou simplesmente morrer nas estradas que ligavam as fazendas às cidades. Consideravam-se felizes os que conseguiam vender sua força de trabalho — por muito menos do que se oferecia a um branco pelo mesmo desempenho — e residir em cortiços e favelas em médias e grandes cidades do país, das quais São Paulo é um exemplo. A exceção apenas confirma a regra, pois são pouquíssimos, ainda hoje, os negros que se destacam financeira e/ou intelectualmente no país. Ao longo desse século e pouco, para complicar a vida dos afro-descendentes brasileiros, os meios de comunicação se encarregaram de criar um modelo físico ideal que não incluía cabelo crespo ou nariz achatado... o máximo permitido neste país tropical era a pele "saudavelmente bronzeada" e, atualmente, um quadril "levemente avantajado" — desde que pertencentes a loiras, mesmo que oxigenadas. A importação, em massa, de colonos europeus entre o final do século XIX e início do XX, fez parte de um esforço de branqueamento e extinção do elemento negro. Os jovens que hoje estão na periferia e estudam, preferencialmente, nas escolas públicas são frutos dessa situação histórica e sabem disso... ou pelo menos desconfiam.

Rap e educação

2. Isso, infelizmente, faz parte do imaginário de uma sociedade que foi alicerçada sobre a idéia de que qualquer trabalho não-intelectual é sinônimo de desprestígio e de que o bom é possuir um diploma... ser bacharel sempre foi a grande busca. E, pior ainda, faz parte do discurso de algumas pessoas que se pretendem "educadoras" ou, pelo menos, fazem as vezes em estabelecimento de ensino da periferia.

3. Inserimos a letra completa pois é de suma importância que se perceba as idéias explícitas nos pensamentos habilmente organizados e, claro, que possuem um fim determinado.

4. Segundo o *Novo Dicionário Aurélio* umbrícola é o que vive nas sombras.

SANDRA SANTOS, licenciada em História pela USP. Bacharel em jornalismo pela Universidade Metodista de São Bernardo do Campo. Mestre em América Latina pelo Prolam-USP.

A Invasão do Rap na Escolarização da Classe Média

Sandra Passarelli

Sou professora de história das redes pública e particular, há onze anos. Desde muito, venho buscando formas alternativas para que minhas aulas se tornem divertidas, dinâmicas, aumentando, assim, a participação dos alunos e levando-os a perceberem que somos nós que fazemos nossa história. Procuro estar sempre atenta aos acontecimentos sociais de nosso país e também procuro discutir com o cidadão em formação os problemas do mundo e as possíveis soluções.

Sempre atenta às novidades, continuei meu trabalho, buscando livros ou outros materiais já presentes no cotidiano dos adolescentes que fizessem com que os alunos refletissem mais a respeito do mundo e de seu papel nele.

Um dia meu filho Rodrigo, na época com 16 anos, jovem branco de classe média, aluno do Instituto Pentágono de Ensino, pediu-me que lhe comprasse um CD de um grupo novo que estava fazendo muito sucesso. Ele garantiu que apesar do ritmo "barulhento" eu iria gostar da letra. Fomos à loja e compramos o CD dos Racionais MC's, recém-lançado e fazendo o maior sucesso entre os "manos".

Confesso que no começo detestei a música, porém antes de dar o veredicto final, resolvi analisar as letras com mais atenção. Comentei com alguns alunos, numa das escolas em que trabalho, que tinha ouvido algumas músicas dos Racionais e tinha achado interessante o teor das letras e muitos deles adoravam os Racionais; o comentário que fiz sobre a banda de rap interessava a muitos e esses muitos expressavam sem se aperceber das questões históricas atuais.

"Professora, os caras passam uma puta mensagem!", vi "a galera" pondo para fora tudo o que a sociedade fazia com gente simples que mora nos subúrbios, favelas, cortiços. O interesse dos alunos despertou-me a curiosidade, descobri outros raps interessantes, alguns faziam

apologia à não-violência, outros desaconselhavam o uso de drogas. Fiquei encantada e procurei saber cada dia mais a respeito do rap. Um fato novo veio incentivar ainda mais minha curiosidade sobre o fenômeno *Rap*: faço o curso de pedagogia na UNIABC, e em agosto de 1998, iniciamos um módulo com a disciplina de sociologia da educação em que tive a grata satisfação de conhecer a professora Elaine N. Andrade, responsável pela disciplina. Ela nos pediu que fizéssemos um trabalho de campo (de pesquisa), abordando problemas sociais e seus reflexos na escola. Lembro-me de que meu grupo de trabalho ficou indeciso, a maioria não sabia qual assunto pesquisar. Eu sugeri que o tema fosse *A influência do rap na classe média e seus reflexos na sociedade e na escola*, porém o tema escolhido foi outro; vivemos em uma democracia, os colegas não aprovaram meu tema. O tema aprovado pela equipe foi A Violência na Escola, elaborado e entregue para que nossa "mestra amiga" desse seu parecer.

A idéia de trabalhar com o rap não saía da minha cabeça, e, então, resolvi trabalhar em minhas aulas a história do rap como manifestação das classes sociais menos privilegiadas, em que se inclui boa parte da população negra e mestiça, e sua aceitação e até incorporação pelos jovens da classe média-alta.

Algum tempo depois assisti a uma reportagem no Telejornal Gazeta Meio-Dia (TV-Gazeta), em novembro de 1998, cujo assunto em debate era o rap. Participavam o rapper Marcão, que integra o projeto rappers de Geledés — Instituto da Mulher Negra — e a professora já citada, entre outros. Os dados apontados no programa aumentaram ainda mais meu interesse pelo rap e sua "função" social.

Elaborei um projeto educacional, cujo objetivo era discutir com meus alunos, em sua maioria ouvintes desse estilo musical, as origens e influências deste, que surgiu na periferia e agradava tanto aos jovens da classe média, que quase nunca viveram os problemas sociais descritos nas letras das músicas. A estratégia utilizada seria buscar o maior número possível de informações sobre o rap e depois criar um rap ligado aos temas históricos abordados em sala de aula.

Rap é educação

Procurei a coordenadora pedagógica do Instituto Pentágono de Ensino[1], sra. Yvone Sola, apresentei meu projeto (atuo nessa escola como coordenadora da área de história e geografia e professora de história de primeiro e segundo anos do ensino médio), que foi aprovado. A coordenadora apoiou o projeto por considerar de suma importância estudar os fatos sociais atuais e sua influência na formação cultural dos jovens. Após a aprovação passei a desenvolvê-lo em minhas aulas.

Para começar, solicitei aos meus alunos que pesquisassem a origem do rap, e, em seguida, discutimos o resultado da pesquisa. Sabíamos que seria difícil, para não dizer impossível, pesquisar sobre rap, por ausência de uma bibliografia nacional; assim o que mais conseguiram foram informações sobre Bob Marley, o ídolo jamaicano do reggae, os alunos acham semelhantes os dois estilos musicais que narram criticamente os fatos sociais. A segunda etapa seria analisar algumas letras de grupos de rap como, Racionais MC's e Pavilhão 9. A terceira etapa foi a elaboração de letras críticas de acordo com os temas históricos que estávamos trabalhando. No primeiro ano, temas como o Iluminismo, Despotismo Esclarecido e Revolução Industrial, entre outros, e no segundo ano a contribuição do grupo étnico negro, seja na formação da "raça" brasileira como no setor econômico como mão-de-obra escrava. Um fato importante a ser descrito foi que apesar de trabalhar o rap, dei liberdade aos meus alunos para que escolhessem outros estilos musicais (rock, samba, pagode).

Em aproximadamente três aulas eles compuseram as letras. As aulas foram dinâmicas, os grupos trabalhavam sob minha orientação, e eles esperavam com ansiedade a próxima aula. Acharam que foi uma forma nova e muito interessante de aprender história e, conforme disseram, jamais se esquecerão do fato histórico por eles trabalhado. Um dos melhores trabalhos foi um rap sobre a Revolução Industrial, que está transcrito na íntegra no final desse artigo.

O tema abordado pelos alunos do segundo ano causou muita polêmica, grandes discussões, falamos sobre preconceito, racismo, discriminação, e o mais interessante foi o fato de que a maior parte dos alunos disse que, a partir de nossas discussões, veria os membros do

Rap e educação

grupo étnico negro de outra forma. A escola em que trabalho possui, aproximadamente, 450 alunos no período da manhã, e apenas um pertence ao grupo étnico negro. Perguntamos a esse aluno se ele concordaria em expor suas experiências para os colegas, ele concordou e assim narrou vários fatos que ocorreram com ele e sua família e como se sentia numa escola em que a maioria dos alunos é branca. Quanto à escola, ele diz sentir-se aceito, apesar das brincadeiras de alguns colegas de sua turma e de outras. Disse ainda que seus pais o ensinaram a se amar, a se aceitar e a se orgulhar de sua raça, que muito contribuiu com a história social e econômica do nosso país. Posso lhes garantir que a experiência foi fantástica.

Em maio de 1999, foi realizada a I Feira Cultural do Instituto Pentágono de Ensino, com o tema Brasil — 500 anos, para a qual cada disciplina deveria montar uma oficina, e propiciar aos alunos os mais diferentes temas e formas de abordar os conteúdos programáticos. Assim a oficina de matemática trabalhou com jogos matemáticos; inglês, analisando os diversos estilos musicais de língua inglesa e sua influência no Brasil. A nossa oficina teve o título, Cantando a História, em que os alunos em grupo pesquisariam um tema histórico que lhes interessasse e escreveriam uma letra; em seguida, deveriam musicá-la. Escolhendo o estilo musical que mais lhes agradasse. (Evidentemente tivemos vários alunos que optaram pelo rap.)

Os alunos de minha oficina, no começo, sentiram muita dificuldade em elaborar as letras, pois, para fazê-las, tinham de conhecer bem o fato histórico escolhido. No início sentiram-se incapazes de executar tal tarefa, porém depois, com alguma ajuda e estímulo, os grupos começaram a criar letras e ritmos fantásticos. Lembro-me do comentário de uma aluna, Priscila Gomes: "No início, achei que não fôssemos conseguir. Conforme a letra foi sendo criada e adaptada ao estilo musical escolhido por mim e minhas amigas do grupo, adoramos".

Os alunos adoraram a experiência. Observamos que a maior participação tanto na elaboração das letras quanto na formação dos grupos foi dos meninos.

Os melhores trabalhos foram apresentados na sexta-feira como encerramento da Feira Cultural.

Como o resultado desse projeto foi excelente, resolvi levá-lo a E. E. Prof. Júlio Nunes Nogueira, escola de periferia, em que exerço a função de coordenadora pedagógica do noturno. Conversei a respeito do meu projeto com a professora de história, sra. Maria Alaíde Calandrin, que gostou e disse que iria trabalhá-lo com seus alunos de suplência (ensino de jovens e adultos — ensino fundamental — Ciclo II).[2] A sra. Alaíde, que faz curso de especialização na Uniban, comentou o projeto com algumas colegas e duas delas pretendem desenvolvê-lo em suas escolas.

O rap como recurso didático ainda está dando os primeiros passos, porém em algumas escolas que o implantaram no currículo do ano letivo, percebemos que os alunos estão se dedicando, e, mais do que isso, dizem que é muito mais fácil compreender a história com esse recurso de trabalho.

Sabemos que muitos profissionais criticam os Racionais e o rap, temos consciência de que a violência, a criminalidade e o uso de drogas fazem parte da vida de muitos que participam do rap, assim como de outros estilos musicais, porém o que mais nos impressiona é que eles têm consciência desses fatos, e lutam para que os "manos", mesmo sofrendo o preconceito, a miséria, as más condições de vida e trabalho impostos por uma sociedade em que o que vale é o dinheiro, o *status* e a posição social, possam não fazer o jogo da elite, não acabem com suas vidas e com a vida dos seus, na criminalidade, no uso de drogas, mas sim na luta pela paz, pela não-violência, enfim, por um mundo mais justo, em que todos, independentemente da classe social, raça ou religião, possam desfrutar de uma sociedade justa.

Selecionei os melhores raps, para que os amigos "leitores" possam analisar o caráter crítico e criativo dos alunos.

Libertação

    Letra — Diogo
    Música e apresentação — Ademir F. —
    Ademir P. — Alan — David — Juliano.

Rap e educação

Às vezes começo a analisar sobre as pessoas
que estão sendo escravizadas
e o governo tenta ignorá-las.
Dizem que os escravos foram libertados,
pobres coitados,
todos enganados.
E a coisa que me deixa mais doente
é a escravidão de muita gente.
Às vezes você anda pelo campo
e encontra uns negrinhos trabalhando
e sendo explorados,
desfigurados,
a grande maioria não fez nem o primário.

E por isso: — Eu venho falar sobre a escravidão
Pessoas que sofrem com essa
situação e só pedem a libertação
He! e ho! libertação do povo negro.

Na África, e por todo o mundo, continua
a luta por dignidade humana e direitos iguais
mudanças podem vir pelo poder de muitas pessoas
mas isso acontecerá somente quando essas pessoas se unirem
e assim, então, formarem o que é invencível
O PODER DA UNIÃO.

E por isso
eu canto este refrão — Eu venho falar sobre a escravidão
Pessoas que sofrem com essa
situação e só pedem a libertação
He! e ho! libertação do povo negro.

Racismo

Grupo: PRN
Letra e Música de: Bruno, Bruno Soares,
Thiago, Leandro e Carlo Augusto.

Rap é educação

Racismo, preconceito total,
discriminação geral.
Que explicação você me dá
essa gente burra que demonstra claramente
mil preconceitos diferentes
e que não enxerga nada a sua frente,
porque se fosse diferente esse povo tinha agido
de forma mais consciente eliminando da mente todo preconceito
e não agindo com a burrice colada no peito,
acabando,
descolando,
terminando,
matando,
mais um preto inocente.
E a federal que deveria dar um bom exemplo
é a primeira a mostrar esse erro tremendo
o erro da vergonha do curau da pamonha
sem contar na maconha.

Os brancos porcos dizem que preto parado é suspeito,
correndo é ladrão,
já se foi mais um negão para casa do chapéu
para ilha do cão,
preto só se for meu irmão.
Preto ou negro,
preto é cor,
negro respeito,
me diga o principal suspeito?
Branco que sempre está por trás de tudo e de todos,
tiras e tiros
polícia e ladrão,
bang bang,
já se foi mais um negão.
Negros, negros,
só criticam os negros,
nós somos irmãos
que queremos esquecer o passado

e pensar no futuro
Por que, POR QUÊ???

Porque o presente é de cor branca?
Do que? De cor branca
Do que? De cor branca
Do que? De cor branca.

A ignorância é de cor branca }
Nas favelas o que mais têm?
Têm negros, porque não sei.
Preferência de trabalho é para quem conclui o segundo grau.
Mentira é para os brancos
paga pau.

A pergunta que ecoa no ar,
preto rico é até aceito,
mas mal falado por atrás,
porque a ignorância ainda é de cor negra.

Porque o presente é de cor branca?
Do que? De cor branca
Do que? De cor branca.

Rap da Revolução

Letra e Música — Angelo — Leandro — Carlos.

Com poucas palavras
eu vou te falar
um pedaço da história
tentando rimar.
"Vamo" começá,
Revolução Industrial
pode crê,
foi um fato real.

Rap é educação

Eu vou te falar do começo até o fim,
que foi mais ou menos assim:
De tanto trabalhar,
o povo se cansou,
profundas transformações ele realizou
e aí,
Revolução Industrial
começou,
e para poder ajudar
inventou a máquina
pra ele trabalhar
houve a divisão do sistema,
cada um tinha o seu esquema.
Na Revolução, uma rápida mecanização,
todo mundo corre atrás de uma atualização.
Houve a divisão do sistema
cada um tinha seu esquema.
Como dizia Adam Smith,
fabricação de alfinete,
um mano puxava o arame
o outro endireitava,
um vinha e cortava e o outro afiava.
E assim a produção caminhava
Mas isso não era bom, porque
o povo só sabia aquilo e nada mais
e a população ficou alienada.
E a Revolução não parou por aí,
mais transformação estaria por vir.
Além da transformação que ocorreu,
ela se espalhou por todo continente europeu,
depois disso, o mundo percorreu
A revolução foi se aprimorando
e com o passar do tempo foi aumentando.
Os trabalhadores começam a chegar,
procurando uma vaga para trabalhar,
E com o tempo a cidade começou a aumentar,
e a população não parava de chegar,

Rap e educação

e para o povo ter melhor lazer, outras indústrias começam a aparecer,
e quanto mais indústria aparecia, mais a população crescia,
e por causa disso a industrialização, / a cidade ficou cheia de poluição.

Rap — Negro e Índio e a Ditadura

No tempo da ditadura militar
o negro vivia a chorar
pelos cantos da favela, sem luz
iluminado pelo clarão de uma vela.
No final dos anos 60
sob a influência do movimento negro internacional
surgiu no Brasil
a tentativa de levantar a consciência negra nacional,
mas isso tudo foi abafado, por Médici,
mais um safado.
O índio
mais um discriminado,
por causa do preconceito,
vive chateado
e desprezado por seus costumes,
ô coitado.
Será que você consegue assimilar
a vida do negro com um militar
que vive a matar, espancar
e sacaniar
aquele negro que continua a chorar.
Um índio que um dia foi feliz,
hoje vive nas ruas
largado e maltratado
por seu modo de viver,
de agir e não tem a quem recorrer,
pois só lhe resta desistir.
Esse modo de vida banal,
feito por alguns ditadores,
que começaram a desprezar

Rap é educação

*o negro e o índio
por não serem iguais a vocês
lhes fizeram freguês,
freguês
que um dia tinha paz
e hoje não tem mais.*

Notas:

1. Instituto Pentágono de Ensino – Localizado em Santo André, à Rua Cel. Fernando Prestes, 326 — Escola de Ensino Médio e Educação Profissional, possui 1.500 alunos (manhã e noite) dos quais, aproximadamente, 2% pertencem ao grupo étnico negro. (Este dado serve para ilustrar a pequena parcela de jovens do grupo étnico negro que estuda em escolas particulares, deixando claro que ela não possui nenhum tipo de preconceito de raça ou credo.)

2. Como o projeto ainda está sendo desenvolvido pela professora Alaíde, não podemos no momento transcrever os resultados.

SANDRA REGINA PASSARELLI DE OLIVEIRA, professora de história, pedagoga, coordenadora da área de história e geografia do Instituto Pentágono de Ensino, coordenadora pedagógica da rede pública de ensino.

O Hip Hop como Registro do Sentir e do Desejar

Márcia Silva

Ainda estudante do curso de Licenciatura em educação artística na Universidade Estadual Paulista — UNESP, iniciei minha jornada pedagógica atuando como professora na Rede Pública de Ensino Oficial do Estado de São Paulo no município de Carapicuiba em 1987.

Em 1995 afastei-me para concluir o mestrado em comunicação e semiótica, na Pontifícia Universidade Católica — PUC-SP.

Voltei a lecionar no segundo semestre de 1998 na mesma rede, no município de Barueri e fiquei surpresa e decepcionada ao constatar que a prática pedagógica que eu construíra em onze anos não funcionava mais, uma vez que os alunos não mostravam nenhum interesse durante nossos encontros.

Não era uma questão pessoal porque tínhamos um excelente relacionamento fora da sala de aula e eles se empenhavam muito em outras atividades como festas, concursos e jogos.

Sentindo na pele que a escola pública de periferia passava por dificuldades estruturais gritantes e necessitava de novas alternativas pedagógicas para evitar que os alunos bocejassem na sala de aula, fingissem que não ouvir o sinal de entrada, esticassem quanto pudessem o intervalo, depredassem a escola e tantas outras situações desagradáveis que conhecemos bem, acreditando em possibilidades favoráveis para o trabalho em sala de aula, vislumbrei, entre os próprios alunos, maneiras de tornar atrativo o processo de aprendizagem, e, conseqüentemente, mais significativo o conteúdo sistematizado.

Naquele momento, pensei que uma medida eficaz seria tornar a escola um espaço mais vivo e festivo.

Eu teria de, junto com os educandos, reencontrar um ponto de vista comum, partilhar significações partindo da vivência dos alunos, pessoas portadoras e formadoras de cultura que deveria ser respeitada

e valorizada, não supervalorizando o olhar europeu em relação ao que seria o belo e ao que se encaixaria no conceito de arte, dando espaço à expressividade da nossa própria cultura.

Tendo pessoas com valores próprios em sala de aula, o que eu precisava era permitir que esses valores germinassem, dilatando suas percepções, recolhendo, organizando, sistematizando e conferindo informações, estando antenada com as manifestações que vão surgindo em um processamento que recebe informações, atualizando e sistematizando a prática do olhar para outros tipos de registros culturais, não apenas os que estão nos livros.

Abrir olhos e ouvidos à manifestação sociocultural que mais atingia os alunos adolescentes naquele momento me permitiu apreender que o aspecto artístico presente no Movimento Hip Hop confirmava-se como um sistema de signos de alta complexidade que perpassava, interferia e dialogava com todos os outros sistemas de conhecimento humano, e os professores de educação artística e das demais disciplinas poderiam e deveriam valer-se desse aspecto para uma educação para a vida e não só para o vestibular.

Re/conhecendo os Alunos

A turma que participou da experiência que apresento, de levar elementos da rua para a sala de aula, é a 8ª série C do ensino fundamental da E. E. Vila da Oportunidade — jardim Gopiúva — Carapicuiba-SP.

Apesar de estar localizada no jardim Gopiúva, a escola recebia alunos dos bairros circundantes, como Jardim S. Daniel, Parque Jandaia e Jardim Padroeira, bairro pertencente a Osasco, município vizinho que faz divisa com Carapicuiba.

Os bairros citados cresceram rapidamente em termos de população mas sem oferecer infra-estrutura necessária, até porque as administrações públicas dos municípios envolvidos pouco ou quase nada se preocupavam com a periferia. Justamente nessa divisa formou-se uma favela.

Por isso, tínhamos alunos que ou eram da própria favela, ou moravam nas proximidades, ou tinham parentes e amigos que moravam na favela.

Os chefes de família (na maior parte delas esse chefe era a mãe) eram em grande parte profissionais autônomos pedreiros, pintores, mecânicos, costureiras, diaristas e biscateiros com pouca instrução e informação capaz de reverter de alguma maneira a situação de precariedade em que viviam.

E na escola havia muitos alunos. Garotos e garotas barulhentos, ativos, namoradores. A maioria exibia sua descendência negra no modo de vestir-se, nos cortes de cabelo e na preferência musical, no pagode de letra fácil, no *rap*, no *charm* e no *funk*.

Em sua maioria, os alunos pouco simpatizavam com a unidade escolar em que estudavam, apontando como principal causa disso a direção, autoritária e de visão estreita, que pouco ouvia alunos e professores. Sempre que surgia uma proposta que fugisse da rotina, imposta e aceita pela maior parte dos professores, havia um cerceamento. Os próprios alunos desanimavam e a fala corrente era "*Nessa escola nada pode*".

Isso se dava não pelo fato de a direção desconhecer que esse modelo já estava falido, mas porque mudanças exigem sair de trás da mesa e ir para o pátio, para os corredores, sair da postura de inércia. Era possível detectar um certo receio em relação ao desejo e potencial de mudança do aluno e, nesse sentido, controlavam ao máximo, cuidando para manter a mesmice conhecida, pois, para qualquer perturbação já se tinha a receita de como agir para manter a ordem e a tranqüilidade.

Foi nesse clima que se gestou, em meados de abril de 1999, a experiência que relato.

Trabalhávamos com desenho e sugeri que os alunos levassem CDs para que ouvíssemos música durante o desenvolvimento das atividades.

Seis alunos levaram CDs e todos de *rap*, sendo três dos Racionais MC's, dois do Detentos do RAP, e um do Gabriel, o Pensador, o único levado por uma aluna.

Rap e educação

Admirada ao perceber que eles sabiam as letras enormes das músicas de cor e salteado, atrevi-me a perguntar se, diante de tanta facilidade para reter aquelas informações, como não conseguiam, depois de tantas "explicações", apreender o conteúdo das aulas ministradas como as principais características do estilo barroco ou os principais artistas do impressionismo etc. Eles responderam quase em uníssono: *"Porque não — tem — nada — a — ver professora"*.

Diante dessa resposta, argumentei que *tem — tudo — a — ver*, eles é que não conseguiam relacionar. A resposta foi outra pergunta: *"Como é que coisas que aconteceram em outros séculos poderiam ter algo a ver com a gente hoje?"*.

Como se tivessem acendido uma lâmpada no porão da minha memória, instalou-se em mim o desafio de fazê-los sentir-se parte e agentes do processo histórico cultural no qual estamos inseridos. Só que, dessa vez, o percurso seria em sentido inverso: daqui, do hoje para o passado, e não como eu vinha fazendo, do passado para o hoje.

Os alunos me revelaram uma direção, agora cabia a mim desenhar as trilhas do caminho. Dado o interesse pela música, fui conhecer o rap, o hip hop. Fiz leituras afins, conversei com outros educadores, assisti clips na televisão e ouvi muito rap e, como havia intuído, tem tudo a ver.

A Cultura da Rua na Sala de Aula

A experiência enriquecedora para minha vida e para minha prática pedagógica, no envolvimento no projeto em questão, ainda em processo nesse momento, reafirmam que nós, professores, não somos diferentes do aluno e precisamos estar predispostos aos acontecimentos contemporâneos.

Até então eu já tinha ouvido, mas nunca atinado, para a dimensão do Movimento *Hip Hop*. Eu não tinha clareza de que aquelas roupas legais e o grafite casavam com a música rap dentro de algo maior, e que esse algo maior é um movimento cultural, político e social nascido não de intelectuais de classe média paternalizando as classes populares, mas da classe popular para a classe popular e daí para todos os demais, se quiserem.

E foi essa junção de elementos que me encantou e me enredou no Movimento *Hip Hop*. E tenho de concordar com os alunos: realmente, para algo nos envolver, é preciso que sintamos que tenha a ver conosco.

Visando a uma reflexão sobre a construção da linguagem visual, enfatizando a leitura e produção da imagem como via de conhecimento, para a aula seguinte pedi que trouxessem novamente os CDs. Ouvimos as músicas *Tik-Tak* do grupo Doctor MC's e *Diário de um detento* dos Racionais MC's, *Pelo amor de Deus alguém me ajude*, de Gabriel, o Pensador, *Carruagem de fogo*, de Faces da morte, e *Casa cheia*, de Os Detentos do RAP.

Após cada audição era discutida a letra da música, o que eles sabiam sobre os artistas, de forma que eu — educadora, negra e também da periferia — fui dilatando minha percepção sobre a riqueza de possibilidades pedagógicas pelo Movimento *Hip Hop*.

Foram dois dias de duas horas aula, nesse processo de audição, discussão e muita participação dos alunos.

É importante salientar que o grupo mais conhecido e preferido era o Racionais MC's pois, segundo os alunos, era melhor para cantar e dançar por causa do ritmo, da batida mais forte. Paradoxalmente, um grupo de alunos declarou não se identificar com as letras pois mostravam só o lado negativo da periferia. Não que o discurso não fosse verdadeiro, mas os alunos observaram que na periferia acontecia muita coisa boa como a solidariedade entre os moradores, os bailes, os pontos de encontro, enfim, uma certa festividade.

Sérgio, 15 anos, e Anselmo, 17, disseram:

> [...] *que as letras dos raps retratam a vida do negro, a discriminação e o sofrimento de cada um de nós (moradores da periferia). O Hip Hop também é arte e cultura pois envolve a dança, a música e prega um estilo próprio de roupa e penteado mas, não tem nada — a — ver com outros manifestações artísticas por ter como base a realidade do favelado. A realidade é a miséria, a pobreza, a vida de cão dos moradores da favela, que não vivem mais como gente, e sim sobrevivem como animais.*

Rap e educação

Quando discutimos a música *Pelo amor de Deus alguém me ajude* (Gabriel, o Pensador) achei interessante o fato dos alunos mais afins *ao hip hop* não a considerarem legítima por tender ao cômico e a batida não ser tão forte, além de não terem conhecimento das origens do cantor.

Luciano, Graciele e Gislaine de 14 anos concluem que *"Rap mesmo é a música que mostra o pensamento de alguém que não teve uma vida muito boa".* E completam: *"[...] ou até mesmo por alguém que tenha poder aquisitivo mas que tenha em mente a realidade do mundo lá fora".* Aclécia, 15 anos diz que: *"[...] o RAP surge de um raciocínio de uma pessoa que busca mostrar ao mundo sua vida [...] e tenta nos transmitir o que se passa nas favelas e com a comunidade mais carente das favelas, fala das injustiças e da violência, os abusos de autoridade dos policiais".* Alexandre, Adriano, Henrique, Raphael e Míriam, 15 anos em média, concluem: *"Quem não vive na periferia pode até dançar RAP, cantar as músicas, mas a significação é bem outra".*

Quando dirigimos nosso olhar para a música *Carruagem de fogo*, de Faces da Morte, João, Anderson e Leonardo nos expuseram sua conclusão: *"Carruagem de fogo eu acho que significa carro de polícia e quando uma pessoa vai para a prisão ela é tratada que nem um cão, que se fizer alguma coisa de errado o dono bate, te espanca, e chegam a levar essa pessoa à morte por puro prazer".* Anderson evidenciou o medo de ir para a cadeia: *"Eu nunca vou querer ir para a prisão porque ir para a prisão é um passo para o inferno em direção à morte".*

Sobre a música *Casa cheia* de Os Detentos do RAP, a discussão entre Rosivania, Cleide, Sirney, Aline e Luciene revela a opinião da maioria dos alunos: *"[...] a música fala que eles estão presos e correm o risco de morrer com as mordidas cachorros [...]",* e Cleide expõe a opinião da maioria das pessoas de bom senso: *"Bom, eu acho que depende do caso, eles merecem um castigo e também tem outros presos que pagam por aquilo que não fizeram".*

Durante essas duas aulas em que fizemos a leitura musical, os alunos e eu aprendemos que especificidade da arte é que sua formatação só se dá como tal em razão da maneira de ver o mundo circundante e sua possibilidade de transcender o fatual, o momento histórico e alcançar o espírito humano, e que o *hip hop* tem a ver com os movimentos artísticos do passado, porque também nasceu de um perceber-se no mundo como representante de uma classe social desfavorecida, em muitos sentidos, e ainda que o que tem a ver a produção cultural do passado com a produção cultural de hoje é que, assim como todos os movimentos artísticos que se deram ao longo da História, a produção *hip hop* tem valor específico, um valor incomparável do qual não podemos nos suprir assim como não podemos nos suprir de nenhuma manifestação cultural do passado para nos entendermos hoje.

Os alunos questionaram se, talvez, não tenha havido manifestações de pessoas "pobres" em outros momentos da História. Respondi que penso que sim, mas não temos registro impresso a respeito, e que temos de registrar essa história. Arte, ciência e mito são criados sempre que o homem se questiona a respeito de algo e cria possibilidades para dar conta de suas inquietações. Concluímos também que o momento em que vivemos hoje permite, de certa forma, que a voz dos vencidos também seja ouvida.

Englobando, entre outros aspectos, modalidades artísticas de interesse direto com a disciplina de educação artística, dança, artes plásticas, música e moda, o Movimento *Hip Hop*, rico e necessário movimento social e político, possui valor incontestável como manifestação artística genuína. O relato musical, plástico e cênico do movimento são textos culturais, registros produzidos e lidos que se realizam e perpetuam no imaginário social específico de um grupo social, constituindo sua identidade e memória. Apresenta coerência e organização em sua estrutura e, como produção do espírito humano, contém a vivência do criador. Sua expressão e formatação são condicionadas às circunstâncias contextuais, o que o legitima como um sistema de conhecimento que possui códigos comuns para quem o cria e para quem o recebe.

Ainda é possível afirmar que o hip hop é um sistema de conhecimento, traz regras de codificação similares a outros movimentos artísticos que se incorporam em espaços diferentes conservando elementos em comum, como, por exemplo, a fase antropofágica do Movimento Modernista que questionou quem é o povo brasileiro, retratando negros e trabalhadores, ou o estilo expressionista, cujos adeptos buscaram ressaltar os horrores causados pelo clima de guerra no espírito humano.

As manifestações presentes no Movimento *Hip Hop* são linguagens artísticas emotivas e reflexivas, cuja especificidade é encontrar sua estrutura no próprio relato da base para a própria base, não de fornecer uma explicação intelectualíssima dos problemas sociais. A grandeza é oferecer uma verdade, é simplesmente contar, falar sobre o assunto, denunciar, alertar, pôr o dedo na ferida. Não lista para os moradores da periferia. É alguém da periferia falando para alguém da periferia.

Não é um discurso metafórico; geralmente conta uma história verídica, relata um acontecimento e, por isso, desempenha um papel fundamental expressando, possibilitando e codificando a realidade para orientação do morador da periferia.

Não o ilude e não propõe que ele saia de onde mora. Em nenhum momento ouvi algum rap que incitasse o desejo de ir morar em outro lugar, de sair da periferia. O que traduzo dos raps é: *Eu sou da periferia e preciso saber me movimentar nesse espaço para viver bem*. Essa mensagem é importantíssima para auto-estima do adolescente; é a afirmação da possibilidade de inserção na cultura, falando pela voz que sai da sua própria boca.

A aceitação, o engajamento na linguagem, não necessita de justificativas, provas e demonstrações, mas de acatamento e reflexão. Mais do que um acordo racional, a identificação, o sentimento de que tal coisa tem a ver com agente implica a partilha de sentimentos e idéias. A unidade de pensamento provém, em grande parte, da unidade de sentimento.

Nesse sentido, o hip hop para o morador da periferia é um viés para externar para quem está fora o seu universo particular e a idéia que se faz do universo circundante; é percepção do real de forma consciente, sensível e afetiva.

Do Entendimento da Palavra para a Construção da Imagem

Após a fase de discussão sobre o conteúdo das letras dos raps, convidei-os a iniciarem uma produção visual individual que contem-

Rap é educação

plasse o conteúdo de um rap de livre escolha. Recomendei que se empenhassem na perspectiva do ambiente e na expressão da figura humana.

Em um dia de aula de duas horas os alunos, enquanto desenhavam, solicitaram bastante minhas intervenções individuais. Em momentos adequados, estendia explicações de dificuldades mais gerais para o grupo.

O resultado que lhes apresento são desenhos de características muito particulares e expressivos pela força e intenção nos traços.

As músicas mais escolhidas foram *Tik-Tak* (Fig. 1), *Diário de um detento* (Figs. 2 e 2a), *Carruagem de fogo* (Fig. 3) e *Casa cheia* (Figs. 4 e 5).

Não vou me deter na análise dos desenhos, mas quero destacar o desenho da aluna Cleide que revela o que mais lhe chamou a atenção na letra da música que é a repressão feita, utilizando cães, para impedir rebeliões. Parece que ela interrompeu as grades, o que dá a impressão de que o detento está fora da cadeia, mas, na realidade, ela se colocou na cela com ele.

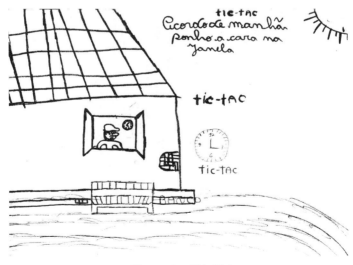

Figura 1 – Tik-Tak
Eduardo Barros Santos

Figura 2 – Diário de um detento
Gilnei Carmino dos Santos

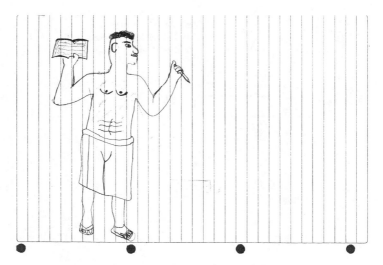

Figura 2a – Diário de um detento
Adeilton Ursulina dos Santos

Rap é educação

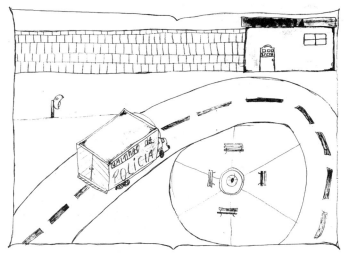

Figura 3 – Carruagem de fogo
Eduarda da Silva Pereira

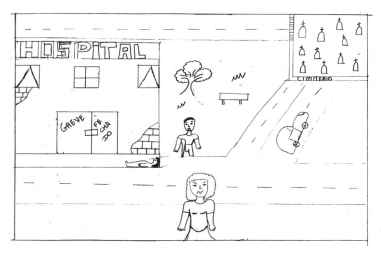

Figura 4 – Casa cheia
Miriam Bezerra de Souva

Figura 5 – Casa cheia
Cleide Francisca do Nascimento

Rap é educação

Sérgio e Anselmo, que defenderam a parte festiva da periferia, sugeriram ao invés de desenhar produzir uma letra de rap.

Cohab e São Daniel, vacilou vai pro céu.
Vou dizendo Carapicuiba é assim
Procuram um jeito de arrumar uma grana
roubam e matam pra comprar maconha e não pra sustentar a coroa
Aqui também tem uns metidos a burgueses
Compra roupa importada e não tem o que comer
Ouve pagode e pensa que é um garanhão.
Rap eu curto pra valer
Aos domingos a gente se une no parque dos Paturis para andar de Skate e escutar um Hip Hop.
Quando toca pagode a gente corre
Pra ir pro salão agente tem que sair da nossa área
Não tem problema
a gente sempre encontrar uns camaradas de outras quebradas
Agente aruma umas minas pra na noite ficar
Chapado? E é assim que se fala.

Apreciamos e avaliamos as produções visuais e constatamos o quanto as aulas foram significativas e, conseqüentemente, produtivas.

Os alunos disseram que se sentiram envolvidos no projeto porque me acharam marginal ao modelo de aulas ao propor trabalhar um tema que geralmente não está na escola. Houve cumplicidade e isso é reencontrar um ponto de vista comum para que a aula seja significativa.

Sugeriram discutir outros temas da realidade deles e pintar as paredes dos corredores da escola.

Sugeri que, inicialmente, fizéssemos um grafite coletivo utilizando os mesmos desenhos de maneira que o resultado fosse um panorama geral da realidade e produzissem algum outro desenho que mostrasse o lado mais festivo da periferia.

Iniciamos uma parede, mas houve uma reação contrária por parte da diretora da escola. Segundo ela, "[...] esse tipo de traço não convinha, porque a partir daí todos achariam que teriam direito de **pichar** a escola".

A dificuldade de permissão para ir além do papel e da sala de aula não nos desestimulou a dar continuidade ao projeto, tamanho é o interesse por parte dos alunos.

Surgiu a idéia de pintar sobre papel craft e pregar provisoriamente na parede.

Como esse projeto ainda estava germinando, sugeri amadurecermos mais os conceitos do Movimento *Hip Hop* antes de partir para uma produção mais premente cujo tema, mais uma vez sugerido por eles, será "A escola como ela é" ou "A escola que eu quero".

Os próximos passos serão: unir as ilustrações referentes à mesma letra de música e fazer uma painel coletivo tipo grafite; analisar as produções; produzir texto sobre a experiência individual; conhecer a biografia e a obra de Basquiat, artista plástico negro, contemporâneo de Andy Warhol, que levou o grafite dos muros para os museus de Nova York em telas supervalorizadas; e relacionar as características da arte rupestre, do grafite de Basquiat, das produções dos alunos.

Ampliando a Experiência

Diante dessa experiência positiva e promissora, tenho desenvolvido um projeto acadêmico mais elaborado, resgatando o potencial oferecido para o desenvolvimento de trabalhos com o Movimento *Hip Hop*, com o objetivo de ter esse momento como princípio de entendimento do percurso da história da arte em seus movimentos e estilos, dilatando o conceito de arte, atentando para o fato de que a linguagem visual se configura como um forte instrumento de registro do saber, do sentir e do desejar as coisas do mundo.

Não estou negando o conhecimento clássico, acadêmico, aprendido nos livros de história da arte, ao contrário. Só é possível fazer tais ligações quando se tem um bom embasamento acadêmico clássico, mas não podemos mais tomar a arte como fuga do real, permitir que se produzam apenas paisagens que eles nunca viram com coqueiros nascendo em cima de montanhas e sol sorrindo. Devemos incentivar produções de percepções do real de forma consciente e também sensível e afetiva.

Rap é educação

Meu desejo maior é convidar os alunos e alunas a investigarem e experienciarem possibilidades de registrar a sua história, dialogar sobre produções contemporâneas, ligando com as produções clássicas do passado, para que eles e elas pensem e compreendam-se como receptores e produtores da sua própria cultura.

Não tomei essa experiência como solução para os problemas que a escola pública, principalmente o ensino médio, apresenta, mas percebi que é necessário convidar os adolescentes a se olharem e se reconhecerem como sujeitos produtores e fruidores da linguagem artística para que saibam o que têm a ver com ela.

A arte nasce da experiência da realidade e o trabalho do professor de arte exige um amplo diálogo com as manifestações artístico-culturais antigas e do momento, propiciando o pensar e o expressar do aluno de uma forma não-convencional, para que não se crie uma lacuna entre as formas de expressão do passado e as do presente.

Entendendo inspiração como um trabalho de apreensão re/construção de registros do universo circundante, e criatividade como um percurso de compreensão e experimentação de possibilidades que se apresentam, alunos e professores podem promover um encontro afetivo com o outro, com a vida e com a arte, refletindo positivamente na nossa vida e na nossa prática pedagógica.

MÁRCIA SILVA, arte-educadora. Mestre em comunicação e semiótica pela PUC-SP.

Rap na Sala de Aula

Lair Aparecida Delphino Neves

Introdução

Em 1995, ministrava aula de língua portuguesa na EEPG Walter Negrelli, no município de Osasco. Nessa época, professores e direção tentavam realizar um trabalho interdisciplinar, a partir das orientações que recebíamos da Delegacia de Ensino.

Como referencial teórico foi sugerida a leitura de dois livros: *Construtivismo pós-piagentino* — um novo paradigma sobre aprendizagem, organizado por Esther Pelar Grossi e Jussara Bondim, e *O cidadão de papel*, de Gilberto Dimenstein. Essas leituras foram discutidas no HTPC*. Nas reuniões de estudo, nós, professores, escolhemos o tema "cidadania" a ser desenvolvido no nosso projeto, que acabou recebendo o mesmo título do livro — O cidadão de papel.

O conceito faria parte da primeira reflexão mediante diferentes abordagens, textos didáticos e produção textual dos alunos.

Referencial — Teórico e Desenvolvimento

Durante algumas aulas, procurando desenvolver o tema proposto no projeto, comecei a perceber que o trabalho não atingia resultados. Os alunos tinham dificuldade de argumentação, o que prejudicava o início do processo oral e, conseqüentemente, não atingíamos as fases preparatórias da produção textual.

Fazendo uma auto-avaliação, descobri que ministrando aulas da maneira tradicional, dando ênfase à gramática normativa, não have-

---

* HTPC – Horário de trabalho pedagógico coletivo.

ria condições reais de integrar a minha disciplina, língua portuguesa, ao projeto interdisciplinar da escola.

A primeira observação foi que as propostas e as atividades do livro didático não atraíam os alunos. Os temas abordados nos textos eram distantes da realidade e não despertavam interesse. O uso do material com base na gramática normativa fazia das aulas momentos de mera correção. A minha preocupação era ensiná-los, de maneira adequada, as variáveis lingüísticas da oralidade, da escrita e da produção textual. Descobri que somente um trabalho com ênfase na atividade de linguagem, leitura, reescrita e produção de textos que mostrasse aos alunos essas variáveis poderia conduzir à integração sugerida. Após essas conclusões, comecei a mudar a minha prática pedagógica, com o objetivo de levar meus alunos a se constituírem em verdadeiros produtores de textos.

Eu acreditava que as correções gramaticais poderiam ser mais suaves, menos monótonas e cansativas para eles, e o desafio era propor atividades interessantes e motivadoras da aprendizagem.

Como o livro didático não satisfazia meus objetivos, optei por abandoná-lo de forma velada. Conversando com os alunos percebi que eles gostavam muito de música, principalmente de rap. Sugeri, então, que trouxessem algumas letras para serem analisadas em sala de aula.

Houve um período preparatório de seleção, pois havia uma preocupação: a de que os alunos não vissem as letras apenas como um meio de diversão: trabalharíamos também o conteúdo das mensagens nelas contidas.

O pressuposto era que a aprendizagem consiste numa conquista do aluno, que lhe dá a posse de algum conhecimento novo, bem como o modifique, que o faça questionar seu comportamento e seus critérios.

Em sala, iniciei um trabalho conjunto de instrumentalização para a escrita, com os alunos divididos em pequenos grupos. Depois comecei a desafiá-los sobre como poderíamos desenvolver o trabalho com o rap.

Rap é educação

Minha participação objetivava o envolvimento dos alunos, e assim pude identificar núcleos de entusiasmo. Observei, durante algum tempo, quem se destacavam mais em cada grupo de alguma maneira — ou por falar mais ou pela espontaneidade. Propus a esses alunos líderes que mantivessem a organização de seus respectivos grupos nas aulas expositivas.

Comentários feitos por mim sobre a importância do trabalho cooperativo e sobre a importância do processo de tolerância e o respeito entre os indivíduos do grupo completavam a estimulação.

A reunião em grupo não assegurava que eles estivessem aprendendo realmente com essa experiência, por isso persisti no monitoramento dos trabalhos, planejando mudança da estratégia metodológica para que eles não perdessem o enfoque temático proposto.

Quando o professor experimenta a ambigüidade do seu lugar, ele consegue, junto com os alunos, administrar momentos de agressividade. Isso não significa que a paz reinará na sala de aula ou na escola, mas que alunos e professores, por força das circunstâncias, estão procurando se ajustar e formular regras comuns, estabelecendo os limites do respeito e da tolerância. Portanto, nem autoritarismo nem abandono.

O professor (educador) coordena a abertura de brechas que permitirão aos alunos negociar e viver com mais intensidade a misteriosa relação que une o lugar — sala de aula (escola) — e o nós — alunos.

Hoje, não podemos dizer que apenas a escola, sozinha, é a mola das transformações sociais. As tarefas de construção de uma democracia econômica e política pertencem a várias esferas de atuação da sociedade e a escola é apenas uma delas, embora tenha um papel insubstituível na preparação das novas gerações para o enfrentamento das exigências postas pela sociedade moderna ou pós-industrial. Por sua vez, o fortalecimento das lutas sociais e a conquista da cidadania dependem da ampliação cada vez maior do número de pessoas que possam participar das decisões primordiais que dizem respeito aos seus interesses.

A escola tem, pois, o compromisso de reduzir a distância entre o conhecimento científico e o reconhecimento da cultura de base pro-

duzida no cotidiano, e a provida pela escolarização. Junto a isso tem, também, o compromisso de ajudar os alunos a tornarem-se sujeitos críticos, capazes de construir elementos para a compreensão e a apropriação da realidade.

Enfim, o projeto foi aprovado pela nossa supervisora de ensino, Ana Maria de Pinho, da 2ª Delegacia de Ensino de Osasco, que acompanhou as aulas de português e fez observações positivas diante dos desempenhos e resultados, informações essas que foram, dois anos mais tarde, relatadas por ela em sua tese de mestrado, cuja temática era a leitura em sala de aula.

Trabalhamos durante um ano letivo, e os resultados apareciam dia a dia no comportamento dos alunos e no aproveitamento dos conteúdos ministrados.

Trabalhei o projeto nas 6ª e 8ª séries do período noturno. A música que os alunos escolheram, chamaram de *Rap da felicidade*:

Eu só quero é ser feliz...

O texto foi analisado durante algumas aulas do primeiro semestre, e o trabalho foi dividido em vários momentos de estudo:

1º momento: cópia da música

Por que a cópia?

Por ser uma maneira de fazer o texto circular pela sala de aula, e porque por meio dela muitos conteúdos seriam assimilados pelos alunos. É um recurso didático-pedagógico, um exercício ortográfico, cuja finalidade é fazer com que o aluno entre em contato com a correta grafia das palavras, reduzindo, assim, sua margem de erro na produção do texto escrito.

2º momento: leitura da música.

Por que a leitura do texto?

Rap é educação

Por ser um recurso didático-pedagógico que tem como objetivo principal centralizar e desinibir o aluno. Em geral, a primeira leitura do texto é realizada mecanicamente. O trabalho com o vocabulário pode introduzir o dicionário para pesquisa durante a leitura das palavras desconhecidas. A pronúncia e a grafia correta auxiliam no objetivo proposto.

3º momento: explicação individual da música.

Por que a explicação individual da música?

Embora o trabalho inicial proposto fosse em grupo, garante-se a cada um dos integrantes um espaço para que interprete primeiramente o texto de forma individualizada, de acordo com seu conhecimento do mundo, sua personalidade, sua visão da realidade. Essa é uma estratégia para elevar a auto-estima e facilitar a expressão de cada aluno como indivíduo. Um meio eficaz nessa atividade é o sorteio do número de chamada, garantindo, contudo, que todos possam participar.

Nessa fase o professor, como monitor dos trabalhos, anota na lousa cada explicação, sem correção, e os termos da forma como o aluno os pronunciou. O objetivo é despertar o senso crítico, explicar posteriormente o significado das palavras, e os diferentes sentidos que pode ter dependendo do contexto em que está inserida.

4º momento: trabalho em grupo — entendimento da mensagem.

Nessa ocasião as carteiras da sala de aula podem ser dispostas segundo as equipes, de 4 a 6 alunos, de frente uns para os outros, facilitando a participação e o debate. Essa forma propicia melhor visualização do professor quanto ao desempenho e o grau de compreensão da temática do texto, por todos os participantes do grupo.

5º momento: apresentação dos grupos sobre o entendimento da mensagem do texto.

As carteiras, agora colocadas em forma de círculo, possibilitam uma posição mais democrática, em que todos possam se olhar; também

Rap e educação

fiz parte do círculo, mas não interferi na apresentação, apenas monitorei o desempenho dos grupos e alerteio-os quanto a coerência dos argumentos ou explicações, quanto a ter começo, meio e fim.

6º momento: *elaboração do texto coletivo.*

    1º trabalho temático.
    Discriminação Social *versus* Violência.

Com a posse de todas as anotações obtidas nas aulas anteriores, iniciei uma participação ativa. A partir do relato das exposições de entendimento de cada grupo, eu iniciava a produção escrita na lousa.

Propunha como conteúdo didático: a montagem de parágrafos, correção ortográfica e pontuação. Analisei a forma do texto criado pelos grupos, expliquei a conceituação das várias formas da escrita: narração e dissertação.

Corrigido o texto, fizemos novamente a leitura oral, com o objetivo de analisarmos os elementos da redação: coerência, coesão e síntese.

7º momento: *o que aprendemos com o estudo do texto:*

    Conteúdo didático (vocabulário, gramática)
    Objetivo: revisão dos conteúdos didáticos.

8º momento: *debate sobre o que podemos mudar com o nosso entendimento.*

Assim, atingimos nosso objetivo de conscientização e questionamento em relação aos nossos comportamentos, e aprendemos sobre o rap como uma das expressões sobre o mundo à nossa volta.

Rap é educação

Conclusão

A experiência vivenciada nesse relato foi muito enriquecedora para mim, como professora.

É preciso promover, como diz Dermeval Saviani, o inverso da curvatura da vara: tantos anos de didática ministrada com enfoque gramatical não promoveram a *Aprendizagem Básica da Língua*.

Os alunos com os quais esse trabalho foi realizado receberam certificado de conclusão da 8ª série como os melhores da escola naquele ano.

O que de fato ocorreu? A gramática continuou sendo ministrada como um dos elementos de construção da língua, e não como princípio e fim. A leitura de interesse partiu de algo que os alunos valorizavam: o rap. Superado o ponto de partida, buscamos galgar outros degraus.

O texto teve de ser contextualizado para melhor entendimento, e a produção textual foi desenvolvido em quatro etapas:

- preparatórias;
- levantamento do tema;
- produção do texto; e
- fase avaliatória do processo (reflexão).

Considerei a primeira a mais importante do processo, por ter sido o momento em que o grupo ampliou o seu repertório sobre o tema. Depois ele integrou experiências e vivências, realizou, enfim, uma reflexão, e conquistou um acabamento por meio da produção textual.

Então tudo deslanchou.

"*Mestre também aprende...*"

Guimarães Rosa

Bibliografia

BONDIN, J. e GROSSI, E. (orgs.) *Um novo paradigma sobre aprendizagem*. São Paulo, FTD, 1994.

DIMENSTEIN, G. *O cidadão de papel*. São Paulo, Ática, 1993.

PINHO, ANA MARIA. *Flashes do cotidiano*: indícios de algumas representações sobre leitura. São Paulo, dissertação de mestrado, FE-USP, 1997.

SAVIANI, DEMERVAL. *Sobre a natureza e especificidade da educação*. Brasília, MEC/IMEP, 1984.

Agradecimentos

À profª Maria Aparecida da Silva, diretora da Escola Estadual Walter Negrelli; à profª Jeane Rocha, vice-diretora da Escola Walter Negrelli; à profª Ana Maria de Pinho, supervisora da 2ª Delegacia de Ensino de Osasco; pessoas que sempre me incentivaram e acreditaram no meu trabalho; sem o apoio destas amigas não teria conseguido atingir os objetivos propostos no projeto.

LAIR APARECIDA DELPHINO NEVES, formada em direito e letras pelo Centro Universitário Unifeo, Osasco. Leciona desde 1995, e é professora de português do ensino fundamental na escola E E. Professor Walter Negrelli. Desenvolve vários projetos de alfabetização e justiça social com jovens e adultos no município de Osasco.

"Rapensando" PCN'S

Ione Da Silva Jovino

Em 1998 o MEC publicou os Parâmetros Curriculares Nacionais (PCN), que têm o objetivo de ajudar os professores a ampliar os horizontes dos alunos. Os PCN procuram trazer para a sala de aula, novos assuntos, para além do currículo tradicional. Não há nenhum livro didático que abarque tudo que é proposto pelos PCN, além do que o trabalho pragmático, ou seja, as relações grupo-contexto são bastante valorizadas. Há um estímulo para que o professor lance mão de outros recursos, que não apenas o livro didático. Em língua portuguesa, uma das propostas a serem exploradas é a análise e a produção de textos.

Partindo do exame de algumas letras de rap e da observação empírica da identificação de muitos jovens e adolescentes, com os quais trabalhamos, acreditamos que o rap como um universo musical possa ser pensado como um espaço político-pedagógico. Ele propicia a ampliação dos instrumentos disponíveis para se trabalhar alguns dos objetivos disciplinares em português previstos pelos PCN como:

- usar a linguagem na escuta e produção de textos orais;
- usar a linguagem para estruturar a experiência e explicar a realidade, operando sobre as representações construídas;
- analisar criticamente os diferentes discursos, inclusive o próprio, desenvolvendo a capacidade de avaliação dos textos;
- reconhecer e valorizar a linguagem do seu grupo social com o instrumento adequado e eficiente na comunicação cotidiana, e na elaboração artística; e
- conhecer e valorizar diferentes variedades do português, procurando combater o preconceito lingüístico.

Além disso, em termos de conteúdo, o rap fornece material para um rico trabalho com temas transversais, como pluralidade cultural, ética e saúde (drogas). A linguagem marcada por vocabulário e símbolos que buscam o resgate de uma memória negra transmitem o modo "negro" de ver e sentir o mundo.

O rap pode ser definido como um estilo musical que combina elementos da modernidade tecnológica com formas tradicionais de linguagem, entre as quais está a oralidade. Dentre os compositores encontramos semi-alfabetizados, e suas criações baseiam-se nas práticas de improvisação.

As letras de suas músicas penetram no cotidiano caótico dos excluídos para descrever com poesia aquilo que seria aparentemente desprovido dela. Escolheram sua forma de interagir com a cidade criando uma linguagem que tem cheiro, cor, forma, volume, ritmo e intensidade.

Parte significativa das letras produzidas, principalmente na cidade de São Paulo, tem como tema a discriminação de jovens negros que sofrem violências. Buscando refúgio na identidade local, colocam os nomes de seus bairros nas letras das músicas e também os nomes dos bairros onde há adeptos do estilo. Mesclam palavrões, gírias, palavras de ordem do movimento negro organizado, leituras de sociologia e história nas canções que mais parecem manifestos. Extraídas do vivido, as canções falam da necessidade de luta por dias melhores, da consciência das desigualdades, resgatando dramas de grupos e indivíduos, criando imagens dessemelhantes àquelas que transformam a miséria em espetáculo para si mesma. Chamam as relações de dominação de sistema, a África de mãe e os jovens de "manos". Assim estabelecem laços artificiais de parentesco tentando repor, a seu modo, os vínculos que os processos contemporâneos de relacionamento quiseram romper.

Os rappers chamam suas práticas de cultura de rua, uma vez que a rua aqui não é mera metáfora. A rua é o espaço aberto no qual podem exercer o domínio. Eles têm consciência de que são agentes sociais e sua linguagem quer tornar sua "voz ativa" na sociedade.

Rap é educação

Nos últimos cinco anos, nosso trabalho como educadora tem-nos mostrado vários indícios de que a preferência musical da maior parte dos nossos alunos é o rap. Além disso, em várias oportunidades pudemos observar que, quando os alunos têm liberdade para escolher a forma e o estilo de texto com os quais devem manifestar suas opiniões ou apresentar seus trabalhos escolares, muitos deles optam pela linguagem do rap.

Essa identificação dos alunos com o estilo musical pode-se dar por vários motivos. A observação de indícios nos leva a acreditar que ela ocorra em virtude, principalmente, da temática das letras e de sua expressão estética. A produção musical dos grupos de rap está intimamente ligada ao contexto em que eles vivem. A ligação grupo-contexto manifesta-se claramente nas letras, como mostra o trecho extraído da musica *Fim de semana no parque*, do grupo Racionais MC's:

> *Na periferia a alegria é igual*
> *é quase meio dia a euforia é geral*
> *é lá que moram meus irmãos meus amigos*
> *e a maioria por aqui se parece comigo.*

Apresentamos aqui o relato de uma experiência feita com um rap em sala de aula. É uma atividade de reflexão e operação sobre a linguagem, de compreensão e interpretação de texto oral. A música escolhida se intitula *Tô ouvindo alguém me chamar*. Faz parte do CD *Sobrevivendo no Inferno* (Racionais, MC's-1997), tem 11 minutos e 9 segundos de duração. Ela nos chamou atenção dada a complexidade de sua estrutura narrativa. Como o clássico *As mil e uma noites*, estrutura-se em torno da narrativa de encaixes. Cada personagem desencadeia uma nova história e as histórias encaixadas servem como argumentos. Há na música duas "macronarrativas", e algumas outras que podem ser chamadas de "micronarrativas" e servem para explicar as macro.

Há um narrador em primeira pessoa que pode ser identificado como "Neguinho". Ele está morrendo, e o dia de sua morte é a macronarrativa que abre e fecha a história. Para explicar como chegou a esse ponto, o narrador-personagem faz várias digressões. A mais importante delas é para explicar sua relação com alguém denominado

"Guina", um bandido, que suscita tanta admiração do narrador que este termina por tornar-se seguidor daquele. Toda a explicação de seu envolvimento com o Guina torna-se a segunda macronarrativa, a partir da qual surge a maioria das micronarrativas. Elas servem para explicar como Neguinho passou de admirador a braço direito de Guina, e disso a desafeto jurado de morte por ele.

Cada narrativa tem seus marcadores específicos. Mas são os que marcam que o narrador está morrendo os mais interessantes. São gritos, choros, conversas, barulhos e ruídos que caracterizam um hospital, além de algumas falas do narrador que denunciam que o protagonista foi baleado e está sangrando, provavelmente no chão, no momento da enunciação: "Não tô sentindo meu braço / nem me mexer da cintura pra baixo / [...] sinto a garganta ressecada / e a minha vida escorrer pela escada / [...] eu tô ouvindo alguém me chamar". Também é importante um grito que diz "Aí, Neguinho, o Guina mandou isso aqui pra você". Seguido de barulho de tiro, esse grito se repete no início e no fim da música. A narrativa tem poder imagético muito grande, é quase cinematográfica.

Para apresentá-la aos alunos, preparamos um roteiro orientador que propõe o registro de informações enunciadas, de modo a garantir melhor apreensão de aspectos determinados, relativos ao plano temático:

1. Identificar as duas macronarrativas, explicá-las e apontar seus marcadores;
2. Explicar as micronarrativas e apontar seus marcadores:
    2.1. Como e por que Neguinho entrou no mundo do crime
    2.2. Como e por que Guina entrou no mundo do crime
    2.3. Sobre os crimes cometidos:
        2.3.1. Os cometidos por Neguinho
        2.3.2. Por Guina
        2.3.3. Pelos dois juntos;
    2.4. Sobre os fatores sociais que levaram os dois ao crime:
        2.4.1. A relação de cada um deles com a família
        2.4.2. A relação de cada um deles com a escola
        2.4.3. As relações com a sociedade em geral;

Rap é educação

2.5. Reflexões que o narrador faz a respeito de:
2.5.1. Família
2.5.2. Decepção com os "amigos" do crime
2.5.3. Drogas
2.5.4. Arrependimento
2.5.5. Pequenos valores da vida "comum".

Acreditamos no professor como mediador do processo de interação aluno-texto. Segundo Kleimam (1993), sabe-se, por pesquisas, que é durante a interação que o leitor mais inexperiente compreende o texto. Uma conversa evidencia seus aspectos relevantes. Muitos daqueles que o aluno sequer percebeu ficam salientes nessa conversa. Muitos pontos que ficaram obscuros são iluminados na construção conjunta da compreensão. Sendo assim, não se pode passar o roteiro, colocar a música para tocar e esperar que os alunos respondam. É preciso conversar com eles sobre o texto antes, durante e depois da atividade (que deve ser realizada em pelo menos quatro aulas). Nessa experiência, para concluir o debate lancei uma pergunta desafio: quantos anos o narrador tinha e onde estava no momento da enunciação da narrativa. Alguns prontamente responderam: "Na música não fala professora!" Voltamos à música. Para chegar à sua idade selecionamos três momentos do texto:

1º "fiz dezessete / tinha que sobreviver"
2º "quando eu saí de casa trouxe muita mágoa / isso há mais menos seis aos anos atrás"
3º "vivi sete anos em vão / tudo que eu acreditava não tem mais razão.

Seguindo a mesma estratégia, procuramos deduzir onde ele estava. Chegamos a três possibilidades: no hospital, na cadeia, em uma rua no bairro em que morava. Embora houvesse elementos para justificar as três hipóteses, a que se apresentou mais contundente foi a última. No final da letra o narrador conta:

Rap e educação

Uma noite eu resolvi sair
tava calor demais não dava pra dormir
ia levar meu canhão
sei lá
decidi que não
é rapidinho não tem precisão
[...] vou tomar uma ar
acabou meu cigarro
vou até o bar
[...] há dez minutos atrás
como uma premonição
dois muleques caminhando em minha direção
não vou correr sei do que se trata
se é isso que eles querem
então vem
me mata
eu conhecia aquela arma
é do Guina
eu sei
uma três oito zero prateada
que eu mesmo dei
um muleque novato com a cara assustada
depois no quarto tiro eu não ouvi mais nada
sinto a roupa grudada no corpo
eu quero viver
não posso estar morto
mas se eu sair daqui eu vou mudar
eu tô ouvindo alguém me chamar.

Assim, ficamos com a hipótese de que, com apenas 24 anos, sete de criminalidade, o Neguinho foi assassinado a mando de Guina, ex-comparsa, agora desafeto, com uma arma que ele próprio lhe havia dado de presente. E estava morrendo na rua, no seu bairro.

Como já dissemos, apresentamos apenas o relato de uma experiência, de modo que não se encerram aqui as possibilidades de trabalho com esse texto. Nossa atividade foi realizada no mês de outubro de 1998, com alunos do quarto ciclo do ensino fundamental (7ª e 8ª série), numa escola da região periférica do município de Embu, grande São Paulo.

Bibliografia

ANDRADE, ELAINE N. DE. (1996). "A Saga do Hip Hop no Brasil". Revista *Agito Geral*. Ano 1, nº 2.

_____. (1996). "A Saga do Hip Hop parte II: ontem, hoje e sempre". Revista *Agito Geral*. Ano 1, nº 3.

AZEVEDO, AMAILTON M. (1996). *No ritmo do rap: a negritude reinventada na cidade de São Paulo*. Trabalho de conclusão de curso de graduação em História. Apresentado à faculdade de Ciências Sociais da PUC-S.P.

_____. e SILVA, S. JOVINO DA (1999). *Um mundo preto paulistano*. São Paulo, Aruanda Mundi.

BERND, ZILÁ (1988). *O que é negritude*. São Paulo, Brasiliense.

_____. (s. d.). *Negritude e literatura na América Latina*. São Paulo, Perspectiva.

JOVINO, IONE DA SILVA (1997). *A linguagem do rap: "Voz Ativa" da juventude negra paulistana*. Trabalho de aproveitamento de disciplina apresentado à faculdade de Comunicação e Filosofia da PUC-SP.

KLEIMAM, ANGELA (1992). *Texto e leitor. Aspectos cognitivos da leitura*. Campinas, Pontes.

_____. (1993). *Oficina de leitura. Teoria e prática*. Campinas, Pontes.

PARÂMETROS CURRICULARES NACIONAIS: terceiro e quarto ciclos do ensino fundamental: língua portuguesa. Brasília: MEC-SEF 1998.

PARÂMETROS CURRICULARES NACIONAIS: terceiro e quarto ciclos do ensino fundamental: apresentação dos temas transversais. Brasília: MEC-SEF 1998.

TODOROV, TZVETAN (1990). *As estruturas narrativas*. São Paulo, Perspectiva.

Rap e educação

Discos

RACIONAIS MC'S (1997). *Sobrevivendo no Inferno*. Gravadora Cosa Nostra, São Paulo.

RACIONAIS MC'S (1992). *Holocausto Urbano*. Gravadora Zimbabwe, São Paulo.

RACIONAIS MC'S (1993). *Raio X do Brasil*. Gravadora Zimbabwe, São Paulo.

IONE DA SILVA JOVINO, licenciou-se em letras pela PUC-SP. Trabalha como professora de língua portuguesa na rede pública estadual de São Paulo.

Selo Negro Edições

A diversidade humana é um presente da vida. A população negra é uma presença particular. A cultura editorial tornou-a invisível ou restrita como imagem e assunto. O conceito que orienta as nossas publicações quer reinventar esse espaço negro, mantendo na ficção e não-ficção as etnicidades negras como ponto de referência. A Selo Negro Edições, ao mesmo tempo que amplia repertórios, alinha um segmento e evidencia sua singularidade para os títulos em educação, psicologia, filosofia, comunicações, literatura, obras de referência etc. Procura cruzar, através das múltiplas áreas disponíveis, temas que apontem particularidades dessa história coletiva. Dirigidos a toda a sociedade brasileira, os títulos de autores nacionais dialogam com textos de diferentes pontos do planeta nessa iniciativa.

A Selo Negro Edições apresenta-se como mensageira dessa produção!

Bem-vindos ao nosso universo editorial!

SELO NEGRO
Outros Títulos

COMO CONQUISTAR UM MARIDO NEGRO
As 25 dicas de quem já conquistou
Monique Jellerette deJongh, Cassandra Marshall Cato-Louis
Ilustrações: Barbara Brandon

Organize a sua vida para que, quando finalmente encontrar o "Sr. Certo", ele não possa resistir a você. O olhar afetivo e positivo das autoras chama a atenção para um marido negro como alvo com a particularidade histórica, cultural, emocional nesse tempero. Siga as dicas e não se preocupe por não haver muitos homens disponíveis em sua área. Você só precisa de um para casar! REF. 40001.

LENOIR
A pintura viva
Ken Greenhall

Quem teria sido a inspiração para a tela setecentista *Quatro cabeças de negro* de Peter Paul Rubens? Diferentemente das terríveis generalizações sobre personagens negros, o quadro revela um indivíduo rico em expressões psicológicas. Do mesmo modo, a obra nos ensina arte européia e filosofia africana, e principalmente vitaliza nossa percepção sobre um dos modos pelos quais a população negra lidou com o mundo que se lhe apresentava. REF. 40002.

IMPRESSO NA
sumago gráfica editorial ltda
rua itauna, 789 vila maria
02111-031 são paulo sp
telefax 11 **2955 5636**
sumago@terra.com.br

------- dobre aqui -------

CARTA-RESPOSTA
NÃO É NECESSÁRIO SELAR

O SELO SERÁ PAGO POR

AC AVENIDA DUQUE DE CAXIAS
01214-999 São Paulo/SP

------- dobre aqui -------

CADASTRO PARA MALA DIRETA

Recorte ou reproduza esta ficha de cadastro, envie completamente preenchida por correio ou fax, e receba informações atualizadas sobre nossos livros.

Nome: _____ Empresa: _____
Endereço: ☐ Res. ☐ Coml. _____ Bairro: _____
CEP: _____ - _____ Cidade: _____ Estado: _____ Tel.: (___) _____
Fax: (___) _____ E-mail: _____ Data de nascimento: _____
Profissão: _____ Professor? ☐ Sim ☐ Não Disciplina: _____
Grupo étnico principal: _____

1. Você compra livros:
☐ Livrarias ☐ Feiras
☐ Telefone ☐ Correios
☐ Internet ☐ Outros. Especificar: _____

2. Onde você comprou este livro? _____

3. Você busca informações para adquirir livros:
☐ Jornais ☐ Amigos
☐ Revistas ☐ Internet
☐ Professores ☐ Outros. Especificar: _____

4. Áreas de interesse:
☐ Auto-ajuda ☐ Espiritualidade
☐ Ciências Sociais ☐ Literatura
☐ Comportamento ☐ Obras de referência
☐ Educação ☐ Temas africanos

5. Nestas áreas, alguma sugestão para novos títulos? _____

6. Gostaria de receber o catálogo da editora? ☐ Sim ☐ Não

Indique um amigo que gostaria de receber a nossa mala direta

Nome: _____ Empresa: _____
Endereço: ☐ Res. ☐ Coml. _____ Bairro: _____
CEP: _____ - _____ Cidade: _____ Estado: _____ Tel.: (___) _____
Fax: (___) _____ E-mail: _____ Data de nascimento: _____
Profissão: _____ Professor? ☐ Sim ☐ Não Disciplina: _____

Selo Negro Edições
Rua Itapicuru, 613 7º andar 05006-000 São Paulo - SP Brasil Tel.: (11) 3862-3530 Fax: (11) 3872-7476
Internet: http://www.selonegro.com.br   e-mail: selonegro@selonegro.com.br